『トシ、1日1分でいいから
フクシマ英語に
触れてみて。
それだけできっと世界は変わる。』

田淵アントニオ

協力
奥 吉也
金子 恵美子

フクシマという片仮名表現には、世界で使われる外来語として「福島」を表現する意図があります。
本書では著者・協力者・翻訳者をはじめ福島に根ざした方にご協力をいただきました。
フクシマという表記にさまざまなご意見があることを踏まえつつ、外来語「フクシマ」を
「福島」に変えていきたいという思いで使用いたしました。

本書に掲載されている英文は
『放射線を超えて Getting beyond radiation』[奥 真也(著)、金子 恵美子(監訳)、SCICUS、2012]から
引用したものです。作品の執筆年代・執筆された状況を考慮してそのまま掲載しています。

はじめに

この本は2016年4月11日にこの世に出ました。
5年前の2011年3月11日に東日本大震災が起きました。
あなたは、その1ヵ月後の4月11日に何を考え何をしていたか、覚えていますか?
検索したり日記を見たりしないで、自分の記憶を辿ってみてください。
まったく覚えていないという方も明確な記憶のある方もいるでしょう。
ちなみに僕はその日福島のいわき市湯本町にいたため、強烈な記憶があります。
福島県浜通りを震源とした震度6弱の巨大地震があったからです。
3月11日の地震では何も倒れなかったのに、この地震ではTVが落下し、神棚と仏壇の中身が部屋中に散乱しました。
原発事故を少し冷静に見始めていた矢先のことで、震源地が福島ということで言い知れぬ恐怖を感じたことを覚えています。
ただ、これは僕がたまたまそこにいたから覚えているだけのこと。
普通なら何年も前のある1日のことなんて、ほとんどの人がまったく覚えていないでしょう。
この本は3月11日のことではなく、4月11日のような記憶に残らない「ある1日」のことを考えてみよう、そんな思いで作られています。

読者対象は震災アウトサイダーの皆さんです。
震災アウトサイダーとは「誰かと比べて自分は東日本大震災の当事者とは言えないと思うすべての人」を指しています。
僕も震災アウトサイダーの一人です。
そもそも震災当事者とは何か、震災当事者ではない人たちをアウトサイダーと呼ぶのが適切なのか、それはこの本を読みながら読者の皆さんが判断してください。

ジャンル的には『英語の長文読解の学習本』になります。
型通りのキャッチコピーを書くとすれば、こんな感じでしょうか。

福島県の放射線科医が東日本大震災被災日から1年間の出来事を英語で綴った珠玉のエッセイを通し、震災に関わる放射線英語表現を身につける学習本。物語を通して、放射線に関するリテラシー、国内外への差別への提言、来たる2020年東京オリンピックに向け、海外からの疑問へどう答えたらいいかなどを考える。

自分で書いていて思うのですが、なんかしっくりこないです。
もうちょっと肩の力を抜いて楽にできないものでしょうか。
震災絡みだから放射線の話だからって、無理に襟を正したり背筋を伸ばさなくていいのでは？
1年に一度のセレモニーに変えなくてもいいのでは？
4月11日のことをまったく覚えていなくても、きっと一度は被災地のことを考えていた筈なんです。
そんな思い出せない4月11日を毎日に変えられないでしょうか？
出来の悪いなりにこんな感じのコピーはどうでしょう？

* * *

僕たちアウトサイダーにできることはなんだろう。
年に一度、記念日や節目に盛大に思い出すのもいい。
でも、無理をしないで、肩肘を張らないで。
大好きな英語の勉強の合間にほんの1分間だけでいい。
フクシマ英語に触れてみよう。

ページを開けばきっと、福島のことを少しだけ思い出す。
いつ使う機会が来るか分からないけれど、放射線の英語表現をいくつか知っている。
自分たちの国で何があったのか、外国に向かって自分の言葉で説明できた方がいいかも……なんて思ってみたりする。
朝食をしっかり食べる。学校に行ったり、仕事をしたり、家族や友人たちと遊んだり、他愛もないことを話したりして福島のことを忘れる。
机に向かって英語の勉強でもしようかと思ったら、本棚の端か机の上のこの本が目に入る。
そっと取り出して挟んであった栞のページに目を通す。
そして、福島のことを少しだけ思い出す。

きっと僕たちは放射線について、他の国の人よりも話せる言葉を持っている。

無理をしないで、肩肘を張らないで。
大好きな英語の勉強の合間にほんの1分間だけでいい。
フクシマ英語に触れてみよう。
きっと、それで世界は(ほんの少しずつだけど)変わるから。

2016年3月　ハノイ　ホアンキエム湖のほとりにて

田淵　アントニオ

● 登場人物紹介

トシ

トシユキ・オオハシ

腫瘍免疫学が専門の日本人医師。35歳既婚。
ポスドクとしてニューヨーク留学中に東日本
大震災を迎える。

ソフィー

医師。フランス出身。36歳既婚。
医療英単語の知識を100倍にする方法を
教えたことがきっかけでトシと結婚する。

日本のボス

奥埜真実

放射線科医。49歳。留学前トシが
所属していた福島県の大学の教授。

カヲル

トシと日本の高速バスで
隣り合い意気投合する。

目次

001　Prologue
The first two weeks
最初の2週間 【STORY】

074　Chapter 1
New Year 2012 Fukushima
新しい年、2012年の福島

- **077**　New Year 2012 Fukushima
　　　新しい年、2012年の福島
- **082**　My exposure history
　　　私の被ばく歴
- **087**　Regarding health management of pregnant women by Fukushima Prefecture
　　　福島県による妊婦の健康管理について
- **091**　You have to decide by yourself
　　　自分で決めなければならない
- **094**　In order to "decide by yourself"
　　　「自分で決める」ためには
- **098**　Measurement of mother's milk
　　　母乳の測定
- **103**　Measuring food
　　　食品を測定する
- **108**　Shortage of vegetables and the effects on health
　　　野菜不足と健康への影響
- **113**　Vegetables, mothers and their mothers-in-law
　　　野菜、母親、姑
- **118**　New criteria for food contamination
　　　食品汚染の新基準
- **123**　Examination of actual meals
　　　実際の食事の調査（陰膳調査）

- ▶129 Two myths: safety myth and danger myth
  2つの神話：安全神話と危険神話

- ▶135 Who can we trust?
  誰を信じればいいのか？

- ▶139 Radiation hormesis
  放射線ホルミシス

- ▶144 Patients refrain from having a CT examination
  CT検査を受けない患者

- ▶149 Fallout in Fukushima Prefecture
  福島県の定時降下物

- ▶153 The wall of an apartment in Nihonmatsu
  二本松のマンションの壁

- ▶159 Let's measure it at least once
  1回は測ってみよう

- ▶163 Measurement of radiation exposure by glass badges (film badges)
  ガラスバッジ（フィルムバッジ）による放射線被ばく量の測定

- ▶168 Decontamination
  除染

- ▶173 Decontamination 2
  除染2

- ▶178 Obligation to the next generation
  次世代への責務

- ○183 【STORY】雪の中の放射線

188 Chapter 2
Radiation Literacy
放射線リテラシー

- ▶190 Knowing the reason why "we don't know"
  なぜ「わからない」のかを知る

- ▶195 Who decides the rule and criteria?
  ルールや基準は誰が決めるのか？

- ▶203 Criteria of exposure other than the ICRP recommendations
  ICRP勧告以外の被ばく基準

- ▶210 The reason why "the influence on human health" is complicated
  「健康への影響」が複雑な理由

- ▶217 Radiation risks for cancer: Are they bigger than other risks?
  放射線の発がんリスク：ほかのリスクより大きいのか？

- ○223 【STORY】放射線と研究者

228 Chapter 3
Stop the Discrimination
差別とたたかう

- ▶230 High time to transmit information about radiation problems to the world
  今こそ放射線問題についての情報を世界に向けて発信するとき

- ▶237 Stop the "discrimination" against Japan
  日本「差別」を許さない

- ▶242 State your "own" opinions
  「自分の」意見を言おう

- ○250 【STORY】高速バスで会った女の子

257 Epilogue
Radiation and Hula Girls and the Future
放射線とフラガールと未来 【STORY】

271 Appendix
Questions from Foreigners
外国人が知りたいこと

Prologue

最初の2週間
The first two weeks

僕の名前はトシユキ・オオハシ。年齢は35歳と少し。既婚。
2011年3月11日時点、ニューヨーク在住。

日本の大地の揺れを直接感じることができなかった福島県出身の日本人だ。

これから福島での震災発生後、最初の2週間のことを書こうと思う。

ただし、僕のことはほんの少しだけ。ほとんどは僕の恩師である日本のボスの話になる。

最初に、僕の日記を開くところからスタートしよう。

僕が『震災アウトサイダー症候群』（命名は僕だ）にかかる直前の、最高に楽しく、浮かれていた時の日記だ。

* * *

2011年 3月10日

ネットもTVもない生活に入って3日目。

自称倹約家のソフィーが引っ越し料金をケチったおかげで、TVはあってもアンテナケーブルがみつからない。ついでに言えばリモコンもない。ネットの契約も忘れていて、工事に来るのが2日後とのこと。

ソフィーは、これはこれでストレスがなくていいわね、などと言っている。引っ越しの荷物がなかなか片づかないことへの言い訳も、そろそろネタ切れ気味だ。

二人とも実験が煮詰まっていて、ラボと新居の往復になっている。

ダイニングと寝室以外は生活感が一切ないけど、それがかえって楽しい。床にするごろ寝もキャンプ訓練みたいで、ようやくはじまった二人だけの生活は、どんな状況でも楽しくなってしまう。

ただ、その日着る服を段ボールから取り出すのは今日で最後

にしたいところだ。

明日は日本総領事館に3度目のチャレンジ。早起きして出かけよう。うまくいけば、明後日はホームパーティ。

荷物もさすがに片づけないと。

2011年 3月11日

ついにやった！！

あのニューヨーク日本総領事館に、婚姻届やら戸籍謄本やら婚姻証明書（とその抄訳）、ソフィーのパスポートとそのコピー（とその抄訳）を受け取らせてやった。

素直に喜ぼう。

今日、僕とソフィーは晴れて日本の書類上正式な夫婦となったのだ。

戸籍謄本をアメリカまで送ってもらうのが一苦労だったけど、本籍地という不可解な住所に興味をもったソフィーに、1時間以上かけて日本の戸籍制度を解説することの方が大変だった。ソフィーのパスポートと書類の綴りが一文字違うように見えるというだけで、総領事館に3度も出向く羽目にもなったのは本当にムカついた。

ただ、終わってみれば、どれもこれもとてつもなく面倒でそして楽しい時間だった。

「報われる苦労は必ず幸福な思い出に変わるもの」などと金言めいたことを二人で言い合う。

総領事館からラボへと直行。ラボの皆にささやかな報告。

万国共通のお役所対応から無事凱旋した僕らを、ヨレヨレの白衣のまま、みんながビーカーに注いだシャンパンで祝福してくれた。

感謝。

予定通り、明日は新居と僕とソフィーの新生活のお披露目

パーティー。ラボのみんなも揃って来てくれるとのことだ。「サプライズは不要でね」と言ったら、ソフィーもラボのみんなも大笑い。

パーティーの買い物は済んだし、荷物も大分整理したけど、まだまだかな。

二人とも休みだし、残りは早起きして仕上げないとな。

2011年 3月12日

僕は早起きしてラボの連中に評判のよかったテリヤキチキンを仕込み、ソフィーはブルターニュ風のガレットを用意してスタンバイ。パーティーがはじまったら焼いてみせる魂胆らしいが、僕もガレットをお好み焼きで迎撃する準備は万端だ。

ワインやビール、ジュースの類も先週のうちに買い込んである。

引っ越したばかりのマンションの床は荷物をどかすと、モップがけをしなくてもピカピカで助かった。

片づかないダンボールをクローゼットに押し込んだだけで片づいた気分になった。

日本人とフランス人のカップル。ラボも多国籍とくれば、アメリカ流のブライダルシャワーもレセプションもない、内輪のカジュアルパーティー。

もちろん、ソフィーにもいずれきちんとしたウェディングドレスを着せてあげたいけど、まだ、彼女の両親にさえ会えていないのだから。

昼過ぎから、どんどんお客がやってきた。

どこから仕入れたのか、ラジュは日本のビールを持ってきた。

お菓子作りが趣味のヘンディはお手製の可愛いウェディングケーキとクッキーを山ほど焼いて持ってきてくれた。

ボスは高そうなワイン（値段は分からないけど、ソフィーがオーララと思わず叫んでいた）を差し出し、彼女の双子の息子と娘が花束を差し出してくれた。
　途中ネット回線の工事がやってきて、ついでに一緒に祝ってもらった。僕の顔を見て、工事の人が日本で結構大きな地震があったみたいですねと言っていたが、誰も話題にしなかった。
　みんなで、僕とソフィーの出会いのエピソードを何度も反芻して楽しんだ。
　新婚に気を使わない客たちが帰宅したのは深夜を少しまわった頃。
　僕もソフィーもくたくたに疲れるまで楽しんだ。
　とにかく最高の夜だった。
　後片づけは後回しにして、昼過ぎまで寝ることにしよう。

＊　＊　＊

　2011年の僕の日記は、ここで終わっている。
　パーティの翌日、2011年3月13日。
　ニューヨーク時間の正午過ぎに幸せな眠りから覚めた僕は、PCを開いていたソフィーから、なんだか日本で大きな地震があったらしいという話を聞いた。そういえば、ネット回線の工事業者もそんなことを言っていた。
　ソフィーの寝起きの顔に見慣れてきたことさえ誇らしく嬉しい時期だった僕は、思わず、こんな軽口を叩いていた。

「アメリカでいう大きな地震なんて、日本人にとってみればそんなに大したことないんだよ」
「でも、トシ、これって……」

　その時になって、彼女の美しい顔が心なしか青ざめていることに気づいた。

ソフィーが開いていたwebページは、恐ろしい津波の映像であふれかえっていた。場所が日本のどこなのか、被害規模がどの程度なのか。尋常ではないその映像は、日本全体が沈没したかのようだった。

　たった3日間のネットとTVからの断絶が、僕たちを完全に情報から隔離していた。

　あわてて自分のPCをたちあげた。起動したメーラーが何百通ものメールを受信しはじめ、ハードディスクがカリカリと軽い悲鳴をあげた。

　大半が仕事のメールだ。僕たちの結婚を祝うメールに、時折、くだらないSPAMが混じる。大半が普段どおりのメールで、平穏なその文面が余計に二日酔い気味の頭をクラクラさせた。

　僕がニューヨークにやってくる前に所属していた福島の大学の研究室のメーリングリストのフォルダが目に入った。

　研究室を離れた今も、僕は幽霊のように脱会せず、メールを受信し続けていた。日本のボスの意向で、海外の研究者や留学生も参加するこのメーリングリストでのやりとりは、英語を使うことが決まりだった。

　何通かのメッセージが届いている。

　僕はおそるおそるフォルダをクリックした。

3/11/2011 15:05 (JPN)

To: Lab members
From: A
Date: March 11, 2011 1:05
Title: Earthquake

Okuno-sensei, This is A.
We just had a huge earthquake!
Almost half of the ceiling fell down.
A series of aftershocks still continue.
I am scared and am now in the lab next door for safety.

2011年3月11日 15時05分（日本）

```
  To: Lab members
From: A
Date: March 11, 2011 1:05
```
件名: 地震

奥埜先生、Aです。
すごい地震がありました。
天井のほぼ半分が落ちました。
ずっと余震が続いています。
怖いので隣のラボに避難しています。

3/11/2011 15:55 (JPN)

To: Lab members
From: Okuno Shinjitsu
Date: March 11, 2011 1:55
Title: Re: Earthquake

To A
Are you alright?
I tried to phone C living in Hamadori.
It never got connected.

2011年3月11日 15時55分（日本）

```
To: Lab members
From: Okuno Shinjitsu
Date: March 11, 2011 1:55
```
件名： Re： 地震

A君

大丈夫ですか？

浜通りのC君に電話したけど通じません。

3/11/2011 16:14 (JPN)

To: Lab members
From: A
Date: March 11, 2011 2:14
Title: Re: Are you OK?

Okuno-sensei, This is A.
Aftershocks are still continuing and we were told to get out of the room. So, I am taking shelter with other staff members.
The ceiling of your room also fell down.
The network system is down and the University is not functioning. We have nothing to do today.
I'll go home if the aftershocks become weaker.

2011年3月11日 16時14分（日本）

```
To: Lab members
From: A
Date: March 11, 2011 2:14
```
件名：Re：大丈夫ですか

奥埜先生、Aです。
まだ余震が続いていて、部屋からでるように言われました。他の職員方と避難しています。
先生の部屋も天井が落ちていました。
ネットも大学も機能していません。今日は仕事をできる状況ではありません。
余震が落ち着いたら帰宅いたします。

3/12/2011 09:30 (JPN)

To: Lab members
From: K
Date: March 11, 2011 19:30
Title: !!!

Okuno-sensei, it may melt down!
In Fukushima, there is a nuclear power plant!

2011年 3月12日 09時30分 (日本)

```
To: Lab members
From: K
Date: March 11, 2011 19:30
```
件名：！！！

奥埜先生、メルトダウンするかもしれません！
福島には原発があるんですよ！

3/12/2011 17:20 (JPN)

To: Lab members
From: Okuno Shinjitsu
Date: March 12, 2011 3:20
Title: explosion

Explosion of the nuclear power plant, followed by white smoke.
I reviewed what I had studied before and remembered old knowledge.
The situation is not good. Tokyo might be affected.
Let me know if you have some useful information.

2011年 3月12日 17時20分 (日本)

```
To: Lab members
From: Okuno Shinjitsu
Date: March 12, 2011 3:20
```
件名: **爆発**

原発の爆発、白煙。
復習して、昔の知識を思い出しました。
しかし、まずいですね。東京も影響は避けられないでしょうか。
何かよく分かる情報あったら教えてください。

3/12/2011 17:52 (JPN)

To: Lab members
From: K
Date: March 12, 2011 3:52
Title: Re: explosion

Okuno-sensei,
I am not certain how accurate the reported information is.
My family will take the Shinkansen in an hour to go westwards.
We are packing now. I'm praying that nothing serious will happen. We can go sightseeing tomorrow if nothing happens.
However, some warning (maybe the one for tsunami) has been issued. If a new earthquake occurs while we are passing Shizuoka, we will be in danger.

2011年 3月12日 17時52分（日本）

```
To: Lab members
From: K
Date: March 12, 2011 3:52
```
件名：Re：爆発

奥埜先生、
どこまで情報が正確に報道されているかが分かりません。
とりあえず、私の家族は1時間以内くらいに新幹線にのって家族で大阪方面へ避難する予定です。
今荷物を詰めています。何にもないことを祈りながら、何もなければ明日観光してきます。
ただし、静岡近辺は警報（おそらく津波）が出ています。通過している時に地震があると危険ですが。

3/12/2011 18:02 (JPN)

To: Lab members
From: Okuno Shinjitsu
Date: March 12, 2011 4:02
Title: notice on radiation

This is Okuno.
I think you are all tied up with your own business after the earthquake, but I need to remind you of one thing: radiation is coming out in the atmosphere because of the explosion of the nuclear power plant.
The scale of leakage is unknown. Please pay attention to the news and keep a safe distance from the nuclear power plant.
I don't know the addresses of three sophomores. Please let me know the email addresses of their cellphones and of a junior student, C.

2011年3月12日 18時02分 (日本)

To: Lab members
From: Okuno Shinjitsu
Date: March 12, 2011 4:02
件名: 放射線漏洩に関する注意

奥埜です。
地震で皆さんそれぞれに大変だと思いますが、一点注意喚起しておきます。原発の爆発で放射線（放射能）が外に漏れだしています。
どの程度の規模なのか現在発表されていません。今後の報道に注意するとともに、できるだけ当該地域からの距離を保つようにしてください。
2年生3人のアドレスが分かりません。
2年生3人とCさんの携帯アドレスをご存知の方は私に教えてください。

3/12/2011 18:17 (JPN)

To: Lab members
From: Okuno Shinjitsu
Date: March 12, 2011 4:17
Title: address

I am going to send the same message again as I got some more addresses of students.
Please let me know the email addresses of D's and E's cellular phones.

2011年 3月12日 18時17分 (日本)

To: Lab members
From: Okuno Shinjitsu
Date: March 12, 2011 4:17
件名: アドレス

一部アドレスを教えてもらえたので再度送ります。
Dさん、Eさんの(携帯)アドレスが分かったら教えてください。

2001年9月11日、僕は日本で、TVに釘付けになっていた。
　日本のTVはどこもかしこも世界貿易センタービルが倒壊する様子をパニック映画の予告編のように何度も反芻していた。
　TVの中で何度も逃げてと絶叫するレポーターの姿を見て、逃げてと叫べる側の人間であることに安堵した。
　そして、2011年3月、僕は、今度はニューヨークで、フランス人の妻と一緒に、日本で起きた大地震の「追体験」を迫るドキュメンタリーをぼんやりと眺めている。
　TVの中のどこの国かも分からないような非現実な映像と、メールの文面の中にある親しい人たちの姿が、どうしても重ならなかった。
　何度もメールの同じところをループしてしまう。状況をなかなか把握しきれないのだ。
　僕がかつて研究していたラボの天井が崩れ落ちたらしい。
　ボスもAも生きているらしい。
　連絡がとれない奴もいるらしい。

　地震？
　津波？
　東北？
　僕が生まれ育ち、ニューヨークに来る直前まで暮らしていた福島が？
　次のメールの文章が目に入る。

Radiation is coming out in the atmosphere...
　放射線が外に漏れだしている？

because of the explosion of the nuclear power plant.
　原発の爆発で！？

その時、ソフィーの声が遠くで聞こえた。

「トシ、これ、メルトダウンしてるんじゃない？」

　ソフィーが見ていた画面には何か大きなプラントが爆発する様子が映し出されていた。

　そうだ、福島には原発がある。
　僕の日本のボスは放射線科医だ。僕も腫瘍免疫学を専攻して、それなりの専門知識の薫陶を受けていた。
　最悪中の最悪の事態だったとしたら、原発近隣の人たちにとって、逃げる時間なんてほとんど残されていないかもしれない。
　東京だって危ないんじゃないか？

　僕は完全な安全圏で「逃げて」と叫べる側の人間だった。
　あの後、どれだけ映像で追体験しても、決して当事者にはなりえないアウトサイダーだったのだ。

●**東日本大震災発生**
日本時間　2011年3月11日14時46分
ニューヨーク時間　2011年3月11日0時46分

●**原発1号機爆発**
日本時間　2011年3月12日15時36分
ニューヨーク時間　2011年3月12日1時36分

3/13/2011 05:56 (JPN)

To: Lab members
From: Okuno Shinjitsu
Date: March 12, 2011 15:56
Title: radiation exposure

Dear Students and Secretary, Please refrain from forwarding this mail to anyone.
Here is new information.
All three patients in Futaba-machi, Fukushima, found to have been exposed to radiation. Until you obtain detailed information about the situation, please do not go outside if you are in Fukushima Prefecture.
Following is the list of goods you ought to have, but do not wander off outside in order to get them.

2011年 3月13日 05時56分（日本）

```
   To: Lab members
 From: Okuno Shinjitsu
 Date: March 12, 2011 15:56
```
件名： 放射線被ばく

学生および秘書さんへ、このメールの転送はご遠慮ください。
続報です。
福島双葉町で抽出患者3人中3人に、被ばくが確認されました。
詳しい状況が分かるまで、福島県内にいるみなさんは、できるだけ屋外にでないようにしてください。
下記必要物の入手についてはお勧めしますが、その入手において屋外をさまようようなことは避けてください。

3/13/2011 12:40 (JPN)

To: Lab members
From: Okuno Shinjitsu
Date: March 12, 2011 22:40
Title: shelter

I took my family to Hakodate this morning in order to prevent my children from being exposed to radiation.
At present, Tokyo is considered to be almost safe, but I can't be sure 100%.
I will study the situation for a couple of days and decide whether I will come back to Tokyo or not.

```
To: Lab members
From: Okuno Shinjitsu
Date: March 12, 2011 22:40
```
件名: 疎開

子どもたちの被ばくを避けるため、今日から家族を函館に疎開させています。
東京はほぼ確実に大丈夫ですが、100%と言えないので。
私は状況を判断してすぐに東京に戻るか戻らないかを決めます。

3/13/2011 13:01 (JPN)

  To: Lab members
From: Okuno Shinjitsu
Date: March 12, 2011 23:01
Title: where are you?

F,

Where are you now?
I'd like to contact everyone, so I want to know where you are as accurately as possible.

2011年3月13日 13時01分（日本）

To: Lab members
From: Okuno Shinjitsu
Date: March 12, 2011 23:01
件名: どこですか

F君
今どこですか。
できるだけ個別に連絡、把握しておきたいので。

3/13/2011 13:22 (JPN)

To: Lab members
From: F
Date: March 12, 2011 23:22
Title: Re: where are you

Okuno-sensei, This is F.
Now I am in Kyushu with my family. I am thinking of returning to Aizu on the 20th of March, if the local transportation in the Tohoku area recovers.

2011 年 3 月 13 日 13 時 22 分 (日本)

To: Lab members
From: F
Date: March 12, 2011 23:22
件名: Re: どこですか

奥埜先生、Fです。
現在、九州へ帰省しております。今のところ、東北エリアの在来線が復旧すれば、20日に会津へ戻るつもりでいます。

3/13/2011 14:01 (JPN)

To: Lab members
From: Okuno Shinjitsu
Date: March 13, 2011 0:01
Title: Re: Re: where are you

F, This is Okuno.
Please come back to Aizu after you know for sure that there will be NO risks of radiation exposure due to the nuclear power plant accident.
I believe we'll know more in a couple of days.
You don't have to hurry to come back.

2011年3月13日 14時01分（日本）

To: Lab members
From: Okuno Shinjitsu
Date: March 13, 2011 0:01
件名: Re: Re: どこですか

F君、奥埜です。
戻るのは、原発の被ばくの問題がないという情報が確実になってからにしてください。
数日中にはもっとはっきりしてくると思います。
急いで戻る必要はありません。

3/13/2011 14:15 (JPN)

To: Lab members
From: Okuno Shinjitsu
Date: March 13, 2011 0:15
Title: Contact me pls

To Students, This is Okuno.
Please reply if you receive this mail.
As the network environment is not good, some of your replies might have been lost, but following is the list of people with whom I have made contact somehow.

2011年 3月13日 14時15分（日本）

```
  To: Lab members
From: Okuno Shinjitsu
Date: March 13, 2011 0:15
```
件名: **連絡ください**

学生各位、奥埜です。
このメールを受信したら返信してください。
ネットワークの状況がよくないので、返信しているのにこちらに届いていない人もいるかもしれませんが、以下がすでに何らかの連絡を受けとっている人です。

3/13/2011 15:45 (JPN)

To: Lab members
From: G
Date: March 13, 2011 1:45
Title: Hakodate?

Okuno-sensei, You have already arrived in Hakodate? How fast!
At present, (so long as the available information is correct,) I don't think we have to worry about the health risks in Tokyo. Still, we cannot tell what will happen, and we are not sure whether accurate information about the amount of radioactivity is being announced. In any case, you are very safe now.
I cannot understand the announced information ⋯ Moreover, judging from how the government is handling the situation, we cannot help thinking that there must have been some leakage from the No.1 nuclear power plant.
Cesium is detected outside the plant!
I cannot understand the reason.

2011年3月13日 15時45分（日本）

```
To: Lab members
From: G
Date: March 13, 2011 1:45
件名: 函館？
```

奥埜先生、函館ですか。
早いですね。
現状、（発表内容が正確であることが前提ですが、）東京で健康被害を心配する必要はないと思います。それでも何が起きるか分からないのですし、正確な放射能量を提示しているか分からないので、まあ、万全ですね。
しかも、どうも発表内容が理解できない…。なおかつ、行政の対応だけを見ると、やっぱり1号機の圧力容器から何らかの放射能漏れがあったようにしか見えません。
だって、外にセシウムが出ているのですよ…。
理由が分かりません。

日本の知り合いとなんとか連絡がつき、身近な親戚や友人の無事が確認できた。
　福島にいた祖母も伯母も、逃げたらという僕の言葉を完全に無視していた。
　地震で色々倒れたけど大丈夫。よく分からないけど、大丈夫よ、なんともない。避難？ここはなんともないのよ。
　もしあっても、ここで死ぬわ。
　トシ、あんたは日本が落ち着くまで絶対帰って来ちゃだめよ。

　僕は何もできなかった。

　大阪出身のボスは、即日家族を連れて奥様の実家がある北海道に避難していた。
　後から知ったことだが、東日本全体で汚染が確認されていたにもかかわらず、当初福島県内の30キロ以遠の地域に対し政府からは避難勧告も避難指示もなかったという。
　日本のボスは、頭がキレすぎて、他人より一歩先を考えるが、人にもそれを前提として求めてしまうタイプでもあった。

　冷静かつ現実的な手段を躊躇なくとる人間を人は誤解する。
　ボスもまた、とてつもなく冷たいことを言ったり、行動しているかのように誤解されやすい人だ。速攻で逃げ出したといって、ボスを非難した教授がいたそうだ。
　ただ、僕は知っていた。
　ボス本人は自分がヒューマニストだと信じていること。そして、存外ナイーブなため、ひそかに傷ついたりもしていること。
　僕は、そんな人間臭いボスが好きだった。

『教授、福島でチェルノブイリ級の爆発が起こったらどうします？』

ある飲み会で質問したのはＦだったろうか。
　僕がラボにいた時、ボスはチェルノブイリにおける長期低線量率被ばくに関する外部被ばく線量の再構築をテーマにしていた。
　もし原発が爆発したら……　は、多少なりとも放射線に関わる研究者の飲み会ではよくある「タラレバ」話だった。

『緊急時にはとにかく逃げることだよ。私は逃げる』

　酔っぱらっていた皆が笑った。しかし、相当に酔っていたボスは、にこりともせず、生真面目に続けた。

『放射性物質は風や水に乗ってどこまで飛ぶか分からないからね。逃げられるところまで逃げる。
私は見てのとおり非力だし、物理的にみんなを守れない。
そもそも、ヒロイックに残っていてもなんの意味もない。見えない放射性物質を防ぐ超能力でも持っていれば話は別だが』

　また笑いがこぼれ、ボスは続けた。

『何かあったら私は逃げる。とにかく迷わず逃げる。守れる範囲の人だけを連れてね……』

　そういうと、ボスは少しだけ真面目な顔をした。

『だから、みんなも自分と自分で守れる人だけを連れて逃げなさい。一人ひとりがそれをやれば、全員が逃げられるかもしれない』

　ＴＶは延々と「津波」と「原発爆発」の映像を流していた。
　サンディエゴの友人が「日本は完全に終わったな」とヒステリックな電話をかけてきた。

西海岸であれば津波と放射線の影響を受ける可能性があることは確かだった。アメリカ人にとっても切実な問題であり、彼にとって僕は日本と福島の代表だったのだ。（実際に、その後、海洋に流出した高濃度の汚染水の影響がアメリカの西海岸までおよんだ）

　ニューヨークの僕は最初から完全なアウトサイダー、そして、福島県出身な分、ちょっとだけ複雑なアウトサイダーだった。

3/14/2011 11:51 (JPN)

To: Lab members
From: Okuno Shinjitsu
Date: March 13, 2011 22:51
Title: possible leakage

Everyone,

As the second explosion occurred at 11 a.m., please return home as soon as possible and try not to be exposed to the external atmosphere.

Prepare the amount of food you will need for now. As Aizu is far from the power plant, we will have no less than 30 hours before this area is affected. (I would say it will take more than 30 hours, but I can't give you an accurate figure.)

I'm writing this keeping the worst scenario in mind as a precaution. The reality may not be as serious as this. Please act calmly and sensibly.

2011年 3月14日 11時51分（日本）

```
To: Lab members
From: Okuno Shinjitsu
Date: March 13, 2011 22:51
```
件名：漏出の可能性

各位
11時に起きた原発の二度目の爆発に伴い、できるだけ早く家に戻って、外気に触れないようにしてください。
食糧は最低限確保してください。
会津は原発から遠いため、この地域に影響がおよぶのに最低でも30時間くらいかかります。（30時間以上かかりますが、正確な数値は分かりません。）
ただ、これは悪いほうのストーリーにしたがって注意喚起しているので、実際はそこまで深刻ではない可能性が大です。落ち着いて行動してください。

3/15/2011 17:02 (JPN)

To: Lab members
From: Okuno Shinjitsu
Date: March 15, 2011 4:02
Title: Current status

The situation of the nuclear power plant is serious.

It is possible that the area of public exposure is much larger than the one currently announced. As Aizu is 100 km away from the power plant, usually we don't have to worry about exposure. However, we cannot be very optimistic until more detailed information is provided.

Though we should not mention something that might cause a panic, we had better advise all the students not to go out if it is not necessary because there are students who are from other parts of Fukushima.

2011年3月15日 17時02分（日本）

To: Lab members
From: Okuno Shinjitsu
Date: March 15, 2011 4:02
件名: 現状

原発はゆゆしき事態です。
公衆被ばくは今発表されているより格段に広いことが予想されます。
会津は現地と100キロ程度離れていますので、通常は被ばくの心配は必要ないと思います。しかし、詳細な発表がされてない以上、予断は許しません。
パニックになるような言動は避けつつ、でも、学生にも福島の各地から来ている人がいるので、妄りな外出を避けるように連絡ができればしたいところです。

3/15/2011 17:06 (JPN)

To: Lab members
From: Okuno Shinjitsu
Date: March 15, 2011 4:06
Title: Stay indoors

This is Okuno.
Dear students and staff
Please refrain from going out and being exposed to the external air.
If you have any questions, do not hesitate to write e-mails to me.
You can call me at 090-abab-cdcd, which is available 24 hours.

2011年 3月15分 17時06分（日本）

```
To: Lab members
From: Okuno Shinjitsu
Date: March 15, 2011 4:06
```
件名: **外出を控えましょう**

奥埜です。

学生、職員各位

外気に触れる移動を可能な限り避けてください。

質問があれば遠慮なくメールしてください。

電話の場合、090-〇△〇△-●▲●▲に連絡してください。

24時間 OKです。

```
3/15/2011 17:15 (JPN)
```

To: Lab members
From: Okuno Shinjitsu
Date: March 15, 2011 4:15
Title: Addition Additional.

Especially in Fukushima, but in other places too, please do not touch the body of the car which has been exposed to the air.
It may be covered with radioactive substances from the air.
When you must go out, please wear gloves and a cap.
After coming home, please wash your hands well before entering your rooms.
Basically, "never" go out unless you really have to.

2011年 3月15日 17時15分（日本）

```
To: Lab members
From: Okuno Shinjitsu
Date: March 15, 2011 4:15
```
件名：追加追加の情報です。

福島県内は特に、また、県外でも同じく、自家用車の車体の外気に触れる部分にできるだけ触らないようにしてください。
理由は、飛散する放射性物質が車の車体や窓、車輪などについている可能性があるからです。
やむを得ず外出する場合も、できるだけ素手でなく手袋、帽子などを着用して行動してください。
また、帰宅時点で水でよく手を洗ってから部屋に入ってください。
基本的には、原発が沈静化するまで、不要な外出は決してしないでください。

3/15/2011 17:40 (JPN)

To: Lab members
From: Okuno Shinjitsu
Date: March 15, 2011 4:40
Title: (again addition) regarding rain

As water circulates in a relatively short range, it may contain the radioactive substances coming from the nuclear power plant.

This may influence the supply of tap water. If you put aside some tap water for drinking at a later time, please do so before the rain.

For the same reason, if your hair or skin gets wet with rain, and if radioactive substances are contained in the rain, it might cause internal exposure.

Please do not go outside when it is raining and, try not to get wet from the rain. Please rinse off the rain from your body by taking a shower.

2011年 3月15日 17時40分（日本）

```
To: Lab members
From: Okuno Shinjitsu
Date: March 15, 2011 4:40
```
件名：（再度追加）雨に関して

雨は比較的近距離を循環するので、原発地域由来の放射性物質が含まれる可能性があります。

これが上水の供給に影響する可能性があります。飲用等の水を汲んでおくなら雨が降る前が好ましいです。

また、同じ理由で雨が髪の毛や皮膚に付着すると、そこにもし放射性物質が含まれていた場合、体内に取り込まれて内部被ばくの原因になりえます。

雨の時は極力外出しないようにするとともに、雨がつかないように配慮してください。もし雨にあたった時には可能な限り洗い流すことを知っておいてください。

「夏がはじまったわよ」

　初めてアメリカに来た年の3月13日、雪が降るニューヨークで、ソフィーは僕にこう声をかけた。
　呆気にとられる僕をいたずらな瞳で見ながら、彼女は自分の時計を指さした。
　3月13日からサマータイムがはじまるのだ。
　今思えば、あの時から僕はソフィーに恋をしていたのかもしれない。
　福島の原発が2度目の爆発をしている間にニューヨークは制度上の夏に入っていた。

　世界の動きは早かった。
　アメリカの有力紙のウェブサイトは、競い合うように日本の被災地に募金する方法をアップした。
　"Pray for Japan"というキーワードは瞬く間に世界中を駆けめぐり、膨大な数のメッセージが届けられた。
　僕も何度か写真やメッセージを送ろうとして、その度に躊躇した。
　多少なりとも知識を持ち合わせてしまっていた僕は、自分の頭で考えようとしていた。
　分からないけど、危険な筈なんだ、まだまだ危険な筈なんだ。
　僕は、励ましの祈りやメッセージではなく「逃げろ」と言いたいのだ。しかし、僕に「逃げろ」という資格はあるのだろうか？

　The situation of the nuclear power plant is serious.

　メーリングリストのボスのメッセージにあるように、原発は「ゆゆしき事態」だった。

日本のTVで、多くの専門家が大丈夫、ただちに影響はないと繰り返す中、僕はこの短い一文にボスの強い信念を感じた。
　ある程度確信をもって物が言える状態にならないと言葉にしないあの人のことだ。
　ほとんど寝ないで自分の持つ知識や論理性を総動員して考えていたのだろう。

　公衆被ばくは今発表されているより格段に広いことが予想される。
　一介の科学の徒としてあらゆる可能性を考えに入れるのは、ごく自然のことだろう？

　ボスはそう言っているように思えた。

　おそらく、僕はこの頃から「震災アウトサイダー症候群」にかかりつつあったのだろう。
　あまりにも大きなショックの前に立つと、人はもっと大きな行為をしなければならないと「誤解」してしまう。
　自分にはできないことをしなければと思ってしまう。
　今思えば、これが「震災アウトサイダー症候群」の初期症状だった。

【震災アウトサイダー症候群の諸症状】

●被災者・被災地の情報に触れることで傷つく
→時には自分自身があまりに傍観者でいられることに傷ついたりもする

●被災者を傷つけないで励ます方法等を安易に夢想してしまったりする

→たった一言で元気にさせる言葉などないことに後から気づいて自己嫌悪に陥る

●アウトサイダーには被災者の話を聞く資格なんてないと思い込んでしまう
→「人の話を聞く」ことにどれだけ力が必要で、また力を与えるものかも知らずに

●己の無力感から逃れようと「その場にいなくてごめんなさい」等の場違いな謝罪を繰り返したりする
→ごめんなさいと謝ることで気が済んだのは相手ではなく、おそらく自分だけだったのに

　震災後、僕はこうしたさまざまなアウトサイダー症状に苦しむことになった。
　愛するソフィーとの別居を選択するほどに。

　メーリングリストに次のメールが届いたのはこれから5日後のことだった。
　3月20日ごろ、当時から発表されていた東京都の定時降下物（fallout）の値が急上昇を始め、東京の水道水に影響が出始めた。ボスの予測通り、数日の間に、福島から遠く離れているはずの東京が水の問題で大騒ぎになった。

3/20/2011 20:00 (JPN)

To: Lab members
From: Okuno Shinjitsu
Date: March 20, 2011 7:00
Title: Regarding water

Dear all, This is Okuno.
Radioactivity was detected in the tap water in several prefectures including Fukushima.
Please pay attention to the news.
As I cannot give you advice appropriate to each person's environment, please send me e-mail if you have a specific question.
Following the discovery of contaminated milk near the nuclear power plant, a new rule about a shipping ban on contaminated rice and vegetables in Fukushima may be established.
Anyway, rice (harvested last year) or vegetables are considered OK to take.

＊註：この段階で野菜の完全な安全性は当然ながら保証できなかったが、各個人が食べ物を口にしないリスクを勘案してこのように書いた。

2011年 3月20日 20時00分（日本）

```
To: Lab members
From: Okuno Shinjitsu
Date: March 20, 2011 7:00
```
件名: 水について

各位　奥埜です。
福島を含むいくつかの都県の水道から放射能が検出されました。
今後のニュースに気を付けてください。
ただ、それぞれの人が今いる場所を全部個別に把握したりかき分けたりできませんので、具体的な質問があれば私に直接メールしてください。
また福島の原発に近い酪農家からの牛乳が汚染されていたせいで、今後福島県から他県に対する米や野菜などの出荷制限があるかもしれません。
いずれにせよ、（昨年収穫された）米、野菜とも現状では心配ありませんので、口にしてもかまいません。

3/21/2011 11:19 (JPN)

To: Lab members
From: Okuno Shinjitsu
Date: March 20, 2011 22:20
Title: **MEXT**

The MEXT began to announce the measured data on March 18, 2011.
We have to think whether our children can live in Tokyo based on the data.
What is most important would be monitoring radioactivity in tap water and fallout.

2011年 3月21日 11時19分（日本）

To: Lab members
From: Okuno Shinjitsu
Date: March 20, 2011 22:20
件名: **文科省**

文科省が18日から本格的にデータを出し始めました。
われわれはこれをもとに、「東京に子どもが住めるか」を考える必要があります。
特に重要なのは上水（蛇口水）、定時降下物のモニタリングでしょうか。

3/21/2011 14:14 (JPN)

To: Lab members
From: Okuno Shinjitsu
Date: March 21, 2011 1:14
Title: subacute phase

This is Okuno.
While it is too early to be optimistic, a week and several days have passed since the accident at the nuclear power plant. The most emergent phase (in which the probability of more accidents is high) is almost over. There are more websites providing information about radioactivity.
The problem concerning radiactive contamination of vegetables and of water for personal use will be long-lasting (usually, this kind of problem is not resolved in a short time).
The areas that produce contaminated vegetables are spreading along the rivers from Fukushima, via Ibaraki to the Kanto area including Tochigi, Gunma, and Chiba. Selling these agricultural products will be banned.
However, please do not be too afraid of eating vegetables sold in grocery stores.

2011年3月21日 14時14分（日本）

To: Lab members
From: Okuno Shinjitsu
Date: March 21, 2011 1:14
件名：**亜急性期**

奥埜です。
まだ予断は許さないものの、原発事故の最初の段階からは1週間ちょっとが経過しました。最も緊急の段階（続発事故の確率が高い）は過ぎました。放射能量を報告するサイトなども増えました。
野菜や生活用水へ放射能混入は今後の時間の長い問題となります（通常、すぐには解決しません）。
放射能量の多い野菜の範囲は、福島からの河川に沿って、茨城を通り、栃木、群馬、千葉を含む関東地域にまで広がっています。
ただし、店頭にでているものについては、過度に怖がる必要はありません。

3/21/2011 21:00 (JPN)

To: Lab members
From: Okuno Shinjitsu
Date: March 21, 2011 8:00
Title: Situation here

To Kansai members,
Tokyo ought not to have serious an durgent problems (unless more explosions occur), but there may be a problem for children to live here.
More and more evidence shows the environment is being contaminated gradually.
We are worried about the radiation exposure in daily lives and the accumulation of substances that will cause internal exposure.
On March 19, highly contaminated vegetables in Fukushima and Ibaraki were found; on the next day, they were found in Tochigi, Gumma and Chiba Prefectures.
Will the same thing happen in Saitama, Tokyo and Kanagawa?
Vegetables and rice in these prefectures might be banned in the market.
In Tokyo, they have radiation-related problems including the one concerning drinking water.

2011年3月21日 21時00分（日本）

To: Lab members
From: Okuno Shinjitsu
Date: March 21, 2011 8:00
件名：こちらの状況

関西のメンバーへ
東京は（このまま爆発等がなければ）大きな急性の問題はないのですが、子どもが生活をする上の問題があります。
環境汚染が少しずつ増えてきます。
日々の生活による被ばく、内部被ばく因子の増加、が気になります。
19日に福島と茨城で野菜から検出された出荷不能な量の放射性物質は20日には栃木、群馬、千葉の3県でもみつかりました。
今後、埼玉、東京、神奈川が同じようになってくるのでしょうか。
これらの県からの野菜、コメが出荷できなくなるかもしれません。
また、水は東京を含めた問題が起きています。

3/22/2011 12:25 (JPN)

To: Lab members
From: Okuno Shinjitsu
Date: March 21, 2011 23:25
Title: MEXT data

The data of "rain" released by the MEXT show the situation is getting worse very rapidly.
Here is information for your reference.
One of the most reliable sources of objective information available today is the website of the MEXT. http://www.mext.go.jp/
With these data, we can assess the safety level for children living in Tokyo and in its suburbs.

2011年 3月22日 12時25分（日本）

```
To: Lab members
From: Okuno Shinjitsu
Date: March 21, 2011 23:25
```
件名：文科省データ

文科省の「雨」データが急に悪化しています。
以下、提供します。
現在提供されている客観的なデータとして今一番まともなものの一つは、文科省のサイトです。
http://www.mext.go.jp/
ここで東京や近郊地域の子どもへの安全度を考えることができます。

「今回の実験は失敗かも。細胞のご機嫌がナナメなのよ」

　朝食の時にソフィーが僕に声をかける。彼女が気を紛らわせようとしてくれているのが分かった。

「今日もラボは休むの？」
「うん、後で水を買ってこようかと思うんだ。紙おむつとか、日本へ送ってあげようかと思って」

　2011年3月22日、東京都の金町浄水場でヨード-131が検出された。
　東京に住む久しく会っていない友人から、アメリカから水を送ってくれないかというメールが入った。
　東京の一部のスーパーでは水の買い占めが起こったりして、水騒動が起こっているとのこと。
　彼には5歳と1歳になる娘がいる。

　自分はいい。
　子どもの食事とお風呂をどうすればいいのか。
　なぜか紙オムツも買い占めが起きて手に入らない。
　場合によっては、東京に住めなくなるかもしれない。
　僕も妻も東京出身で逃げ場所がない。
　仕事がある、生活がある。
　でも、ここに住んでいていいのか、何も分からない、判断できない。
　誰も教えてくれない。

　いつも冷静だった彼のヒステリックな焦りが伝わってきた。
　僕はネットで東京都の未就学児童数を検索してみた。2011年1月1日時点で0〜5歳の人口は60万9千人。
　その子どもの数だけ、東京では親が同じ不安を抱えている。
　そうだ、彼は福島ではなく東京に住んでいるのだ。

アメリカのTVは「津波」と「防護服／原発事故対応」を流し続けている。
　僕も現実を見ていないから判断はできない。しかし、あの映像を観たらほとんどのアメリカ人は「日本」は完全に終わったと思うだろう。
　ニューヨークに住むアウトサイダーにとって、福島と東京は原発事故が起こった同じ「日本」で括られていた。

「トシ……、それってあなたがすること？」

　おそらく、日本は今現実に起こっていることについていくだけで精一杯な筈だ。
　これからどうなっていくのか、全く先が見えない状況に大きな不安が心の大部分を占めている。

「分からないよ。何かしなくちゃって思う。でも、遠すぎて近すぎて何をすればいいのか分からないんだ」

＊　＊　＊

　結局、日本へ荷物を送った。その後ラボへは行かず部屋に戻った僕はネットをぼんやりとみつめていた。

　SNSが拡散する世界中の人々の善意。「I」のごく一部を持ち寄った、温かくそしてかりそめの「We」。
　個人によって語られる動揺や不安。さまざまな「I」の発言はお仕着せの「We」に抵抗しているようにも見えた。

　アウトサイダーである僕もまた、冷静に一つひとつの事柄を判断できる状態ではなかった。
　共感するために、理解するために、アウトサイダーから当事者

に変身しなければいけないと思っていた。
　そう、自分が自分なりの「当事者」であることを忘れて……。

　メーラーをたちあげる。
　日本のボスは相変わらず冷静に情報を発信していた。
　安全圏にいながら、高校生のように思い悩む僕のような小羊とはちがう。
　僕の目には、ボスは自分がするべきことを分かっているように見えたのだ。
　ボスにとって、目の前で起きている現象は当たり前のことだったのだろう。若いころから修めていた学問通りのことが、「科学的」に起こっているだけに過ぎない。
　メーリングリストにポツリポツリと届くボスの文章に、僕は八つ当たりのような苛立ちさえ感じていたのかもしれない。

　その時、一通のメールが届いた。
　メーリングリストではなく、僕の個人のメールアドレスに。
　差出人は、僕の日本のボス奥垜教授だった。

大橋　俊之　様

奥垜です。
結婚おめでとう。

今、福島は大変なことになっている。
努めて冷静に対処しているが、君も知っての通り私は結構繊細だし大いに傷ついてもいる。
ニューヨークという離れた場所にいる君を、私のストレスの捌け口に使ってしまうことを許してほしい。
先に言ってしまったが、これは私のストレス、整理できない気持ちを書きなぐったものだ。

一方的に送信される弟子の都合などは一切考慮していない。
もちろん読まずに捨てるという君の自由は保証するが。

ご存じの通り、私はもともと福島の人間ではない。
縁があってここに職を得て、この地に来た。君という弟子にも会えた。
そして、震災を迎えた。
人生とはそもそも偶然の織り模様だ。
偶然とはいえ、このとき自分が福島に在ることに、思いが折り重なった気もしている。

今、福島は浮足立っている。福島の隅にある我らの大学も。
もちろん、私も。
混沌の中、果たして自分に何かができるのか、もしできるとしたら何ができるのか、悩む日が続いている。

　さきほどまでの僕の心を見透かしたかのようなメール。
　日本での研究中、あまりに適切に実験のミスを指摘してくるため、どこかに隠しカメラが仕込んであるんじゃないかと疑ったことを思い出した。
　あのボスが悩んでいる？ 僕のように？
　僕は、おそろしく長いメールを目で追った。

悩んだ結果、かつて学んだ核医学の知識をこの地に捧げることにした。
放射線の知識がなく不安に思っている人たちに呼ばれれば相手が一人でもお話をしてこようと思う。
私というアウトサイダーがこの地にいるという偶然にもし意味があるのだとしたら、そういうことなんじゃないだろうか。
それが、ここ数日悩みに悩んで出した結論だ。

実は、科学者はみだりな活動を自重するようにと、文部科学省や学会からお達しが出ている。
もちろん、それを受けた大学からも通達が出た。
だが、みだりな活動とはなんだ？ 厳密な定義は与えられていない。
今、私はニューヨーク行きを決意した君に伝えた言葉を、自分に向けて言い聞かせている。

覚悟を決めて歩み出した方向が、果して望まれるものとは限らない。

この地に幾許かの力を添えることができるのかどうかも分からない。
君が戻ってくるポストをなくしてしまうことになるかもしれない（残念ながらこの確度は高いだろう）。
ただ、人の数だけある努めの形の一つを私もここに刻んでいきたい。
そう決心した次第だ。

震災と津波は目に見える瓦礫の山をもたらした。
このとてつもなく高い坂は、ほどなく力で乗り越えることができるだろう。
しかし、放射線が我々に示すものは、緩やかな分かえって厳しい、延々と続く平坦な坂道だ。
この平坦な坂道を歩いていくために、我々は何を為せるのか。
自分たちのため、次代のため、そして更にその次に続くもののために。
君にも、遠くニューヨークの空から福島と日本の明日を考えていただきたいと切に願う。

これから1年、福島では色々なことが起こるだろう。

今回の福島の経験はどんな小さなことでも世界に伝えるべき財産になるはずだ。
放射線の知識がなく不安に思っている人は世界中にいるはずだ。思いついたら、英語で日記風にしたためて君に送ることにする。
気が向いたら君の英語力で添削してブログ等にアップしておいてほしい。
それではまた連絡する。

奥埜　真実

　これから福島での震災発生後、1年間のことを書こうと思う。
　ただし、僕のことはここまで。ほとんどは僕の恩師である奥埜教授の話だ。
　奥埜教授が福島でしたこと考えたことを通して、僕も自分の進むべき道を見つけていくことになる。
　ただ、この恩師のストレスの捌け口が僕の正しい指針になったのかは微妙だったことをお伝えしておく。
　そもそも震災アウトサイダー症候群の寛解までには数年を要したし、愛するソフィーにはかなり迷惑をかけることになって……最終的にフランスはパリ全体を騒がす離婚騒動※を起こすことになるのだが……。

　それはまた別のお話だ。

※詳しくは、『トシ、明日あなたの医療英単語でパリを救いなさい。できなければ離婚よ。』
　[田淵アントニオ(著)、SCICUS、2015]をご参照ください。

Stop the
Discrimin[ation]
Radiation
New Year
Fukushim[a]

Chapter 1

New Year 2012 Fukushima

新しい年、2012 年の福島

ソフィーです。
これから紹介するのは、トシの日本のボスだった奥埜教授による、1人の放射線科医が見た福島の1年間の記録の抜粋です。
記事のキュレーション担当は私。
日付順ではなく、テーマに沿って並べました。英文は当時のまま。現在の復興状況と照らし合わせて、認識の違いや不適切な部分があるかもしれませんが、科学者の当時の記憶と記録を見直すという意義を尊重しています。

ation
Literacy
2012
a

【構　成】

❶英文読解のヒント

はじめにお読みください。
文章を読む際の補足情報（奥埜の考え、国の施策、統計情報）などを
示しています。

❷英文を読む

放射線関連および重要表現をマークアップした原文です。
英文読解のヒントを思い浮かべながら、読んでみましょう。

❸和文対訳トレーニング

❷の英文を1センテンスごとに分け対訳をつけたものです。
文意をとりやすいように努めて逐語訳にしています。
英語の構成や背景の知識を意識しながら、無理せず
『1日1分1文』の気持ちで読み進めてください。

❹和訳を読む（英訳しながら読んでみましょう）

放射線関連および重要表現をマークアップした和訳です。
英文を思い浮かべながら読んでみましょう。

New Year 2012 Fukushima
新しい年、2012年の福島

☞ 英文読解のヒント

　トシのかつてのボス、奥埜が2012年の新年を迎えて記した文章です。
　彼は大阪出身の放射線科医で福島県の会津に教授として赴任しています。関西圏と福島での1年間の捉え方が違うこと、当事者とアウトサイダーの意識の違いをほのめかしています。
　海のない会津地方は直接的な津波の被害は受けていません。福島の原発からも100キロほど離れています。
　しかし、見えない放射線との大きなストレスと住民全体が対峙した1年であったことが受け取れる文章です。
　彼のような専門家であっても、震災直後の1ヵ月間は、福島県の多くの地域が、相当の長期にわたって人が住めない場所になるのではないかという危惧を抱いていたことを告白しています。
　在野の放射線専門家が、客観的に状況を判断できるようになるまでの情報収集には、震災から約9ヵ月の月日を要したことが分かります。

《英文を読む》

I am from Osaka in Kansai, and now I work for the University in Aizuwakamatsu, Fukushima. I travel back and forth between Aizu and Tokyo. The image of the past year seems to be different among those in Fukushima, those in Tokyo and those in Kansai. Not only do **the scars of the earthquake** still remain in Fukushima, but also a formidable enemy, radiation, stands in the way of our **recovery**.

I think we need to face and consider the radiation problem to proceed. Of course, everyone has a kind of common feeling that they **are fed up with radiation**. Although forgetting about radiation is not appropriate, paying too much attention to radiation in every aspect of our daily life is also not ideal.

At least for a month or so after the earthquake, even I was worried that it would be impossible for people to live in most of the regions of Fukushima Prefecture for a long time to come. For several months after that, especially until early fall, I thought, and actually stated in a lecture, that we had to evaluate the situation to judge whether people could lead a life again as they used to. After collecting information for judging the situation objectively, I have gradually reached the conclusion that people can live in Fukushima if certain conditions are fulfilled.

●放射線関連および重要表現

the scars of the earthquake	地震の傷跡
recovery	復興
be fed up with radiation	放射線の話はうんざりである

《和文対訳トレーニング》 ★1文1分間を目安に

001 I am from Osaka in Kansai, and now I work for the University in Aizuwakamatsu, Fukushima.

私は関西の大阪出身で、現在は福島県会津若松市にある大学に勤めている。

002 I travel back and forth between Aizu and Tokyo.

会津と東京を行ったり来たりの身だ。

003 The image of the past year seems to be different among those in Fukushima, those in Tokyo and those in Kansai.

昨年1年の印象は、福島、東京、関西それぞれの人で違うように思われる。

004 Not only do the scars of the earthquake still remain in Fukushima, but also a formidable enemy, radiation, stands in the way of our recovery.

福島では地震の傷跡がまだまだ残っているだけでなく、手ごわい敵、放射線が復興の行く手を阻んでいる。

005 I think we need to face and consider the radiation problem to proceed.

前へ進むためには放射線問題と向き合い、よく考えることが必要だと思う。

006 Of course, everyone has a kind of common feeling that they are fed up with radiation.

もちろん、放射線の話はもううんざり、という一種の共通感情は誰もが抱いている。

007 Although forgetting about radiation is not appropriate, paying too much attention to radiation in every aspect of our daily life is also not ideal.

放射線のことを忘れてしまうのは適切ではないが、日常生活のあらゆる面で放射線を気にしすぎるのも最善ではない。

008 At least for a month or so after the earthquake, even I was worried that it would be impossible for people to live in most of the regions of Fukushima Prefecture for a long time to come.

少なくとも地震後1ヵ月くらいは、福島県のほとんどの地域はこの先長く人が住めなくなるのではないかと私も危惧していた。

009 For several months after that, especially until early fall, I thought, and actually stated in a lecture, that we had to evaluate the situation to judge whether people could lead a life again as they used to.

その後の数ヵ月、特に秋口までは、人々が以前のような暮らしをまた送れるかどうか判断するには状況を評価しなければならないと考え、実際に講演でもそう話していた。

010 After collecting information for judging the situation objectively, I have gradually reached the conclusion that people can live in Fukushima if certain conditions are fulfilled.

状況を客観的に判断するための情報を集めてからはだんだんと、一定の条件が満たされれば福島に人が住むことは可能だという結論に至った。

《和訳を読む》 ★英訳しながら読んでみましょう

私は関西の大阪出身で、現在は福島県会津若松市にある大学に勤めている。会津と東京を行ったり来たりの身だ。昨年1年の印象は福島、東京、関西それぞれの人で違うように思われる。福島では**地震の傷跡**がまだまだ残っているだけでなく、手ごわい敵、放射線が**復興**の行く手を阻んでいる。前へ進むためには放射線問題と向き合い、よく考えることが必要だと思う。もちろん、**放射線の話はもううんざり**、という気持ちはみんなに共通している。放射線のことを忘れてしまうのは適切ではないが、日常生活のあらゆる面で放射線を気にしすぎるのも最善ではない。

少なくとも地震後1ヵ月くらいは、福島県のほとんどの地域はこの先長く人が住めなくなるのではないかと私も危惧していた。その後の数ヵ月、特に秋口までは、人々が以前のような暮らしをまた送れるかどうか判断するには状況を評価しなければならないと考え、実際に講演でもそう話していた。状況を客観的に判断するための情報を集めてからはだんだんと、一定の条件が満たされれば福島に人が住むことは可能だという結論に至った。

●放射線関連および重要表現

地震の傷跡	the scars of the earthquake
復興	recovery
放射線の話はうんざりである	be fed up with radiation

My exposure history
私の被ばく歴

☞ 英文読解のヒント

奥埜は講演会で自分自身の被ばく歴を伝えることにしていました。

自ら選択して放射線科医になり、放射線技師になったわけであり、原発の事故が原因で被ばくせざるを得なくなった聴衆たちと状況も立場も異なることは前提として、です。

自分たち放射線科医や仲間の放射線技師たちが発がんしていないから、今回の事故で被ばくした人も大丈夫だろうなどと言うつもりもなかったでしょう。ただ、奥埜自身に職業被ばくの経験があることは、彼自身の放射線問題への理解を深め、講演の度に「他人事として考えないこと」の礎になっていたのではないかと思われます。

1

《英文を読む》

When I was a young doctor, every day I used to deal with **radioactive substances**. The quantity was much more than that handled by the departments of science and engineering. I belonged to the laboratory of **nuclear medicine**, examining human bodies with **radiopharmaceuticals**, in the Department of Radiology at the University of Tokyo Hospital. In this kind of medical examination, dedicated cameras placed beside the patient are used to see how the administered radioactive substances distribute in the body, which requires us to use considerably more radioactive substances than those used in other domains.

I think **the total exposure in my life** so far is about 20 to 30mSv. I could check in more detail my **exposure history**, as I was in a section where management of **radioactive exposure** was legally compulsory, but this estimation should be quite accurate. Many **radiology technologists** working together at that time have been exposed to as much as 50 to 100mSv in their lifetime.

Now, I am 49 years old and fortunately still healthy.

● 放射線関連および重要表現

radioactive substances	放射性物質
nuclear medicine	核医学
radiopharmaceuticals	放射性医薬品
the total exposure in one's life	累積被ばく量
exposure history	被ばく歴
radioactive exposure	放射線被ばく量
radiology technologists	放射線技師

《和文対訳トレーニング》 ★1文1分間を目安に

011 When I was a young doctor, every day I used to deal with radioactive substances.

若い頃、私は毎日、放射性物質を扱っていた。

012 The quantity was much more than that handled by the departments of science and engineering.

その量は理学部や工学部で扱う量をはるかに上回っていた。

013 I belonged to the laboratory of nuclear medicine, examining human bodies with radiopharmaceuticals, in the Department of Radiology at the University of Tokyo Hospital.

東大病院の放射線科で、私は核医学の研究室に所属しており、放射性医薬品を投与した人の身体を検査していた。

014 In this kind of medical examination, dedicated cameras placed beside the patient are used to see how the administered radioactive substances distribute in the body, which requires us to use considerably more radioactive substances than those used in other domains.

この種の医学検査では、患者のそばに置いた専用カメラを使って、投与された放射性物質が体内でどう分布するか調べるのだが、それには他の分野で使われるよりもかなり多くの放射性物質を使う必要がある。

015 I think the total exposure in my life so far is about 20 to 30mSv.

私のこれまでの累積被ばく量は、20〜30mSvくらいだと思う。

016 I could check in more detail my exposure history, as I was in a section where management of radioactive exposure was legally compulsory, but this estimation should be quite accurate.

私は放射線被ばく量の管理が法的に義務づけられている部門にいたので、自分の被ばく歴をもっと詳しく調べることもできるが、この概算でかなり正確なはずだ。

017 Many radiology technologists working together at that time have been exposed to as much as 50 to 100mSv in their lifetime.

当時一緒に働いていた放射線技師の多くは、50〜100mSvの生涯被ばくを受けている。

018 Now, I am 49 years old and fortunately still healthy.

今、私は49歳だが、幸いなことにまだ健康だ。

《和訳を読む》 ★英訳しながら読んでみましょう

若い頃、私は毎日、放射性物質を扱っていた。その量は理学部や工学部で扱う量をはるかに上回っていた。東大病院の放射線科で、私は核医学の研究室に所属しており、放射性医薬品を投与した人の身体を検査していた。この種の医学検査では、患者のそばに置いた専用カメラを使って、投与された放射性物質が体内でどう分布するか調べるのだが、それには他の分野よりもかなり多くの放射性物質を使う必要がある。

私のこれまでの累積被ばく量は、20〜30mSvくらいだと思う。私は放射線被ばく量の管理が法的に義務づけられている部門にいたので、自分の被ばく歴をもっと詳しく調べることもできるが、この概算でかなり正確なはずだ。当時一緒に働いていた放射線技師の多くは、50〜100mSvの生涯被ばくを受けている。

今、私は49歳だが、幸いなことにまだ健康だ。

● 放射線関連および重要表現

放射性物質	*radioactive substances*
核医学	*nuclear medicine*
放射性医薬品	*radiopharmaceuticals*
累積被ばく量	*the total exposure in one's life*
被ばく歴	*exposure history*
放射線被ばく量	*radioactive exposure*
放射線技師	*radiology technologists*

Regarding health management of pregnant women by Fukushima Prefecture

福島県による妊婦の健康管理について

☞ **英文読解のヒント**

　福島第一原子力発電所事故後、「県民健康管理調査」として、福島県民の被ばく線量を推定する問診調査がはじまりました。

　自身も幼い二人の娘の父である奥埜にとって、妊産婦と子どもたちへの影響と対応が気になったのでしょう。「県民健康管理調査」に福島県に住む妊婦さんに対する健康調査が追加されたことに反応しています。

　奥埜は、行政への意見として、協力した母親たちが震災直後のショック状態をおして協力したことを踏まえ、収集したデータを、どう今後に活かすのか？という視点で意見を述べています。

　月日が経ち、当時の調査に協力した妊婦さんのお子さんたちも成長されています。

　現在、福島県では「県民健康調査」としてさまざまな取り組みを実施しています。妊産婦に関する調査は、被災後の妊産婦調査も含め2015年度が区切りとなりました。

　これらの健康調査のデータと評価はデータベース化されています。これらのデータをどう活用していくのか、今後世界で共有していくべき財産です。

《英文を読む》

In Fukushima Prefecture, health examination of pregnant women is about to be carried out following a **general health management survey**.

The purpose of this questionnaire, according to the authority, is to reconstruct connections among medical organizations for better health management of mothers and children suffering from anxieties. Frankly, the current health management system of Fukushima is not working well after the disaster.

Just like the general health management survey, this new questionnaire requires mothers to write about their anxieties after the disaster in detail. I am afraid that it will be difficult to recall exactly what happened in the past. In order not to waste the mothers' time, it should be made clear how the results of this investigation will be utilized and how policies will be improved.

●放射線関連および重要表現

| general health management survey | 県民健康管理調査 |

《和文対訳トレーニング》 ★1文1分間を目安に

019 In Fukushima Prefecture, health examination of pregnant women is about to be carried out following a general health management survey.

福島県では、県民健康管理調査に続いて、妊婦の健康調査が行われようとしている。

020 The purpose of this questionnaire, according to the authority, is to reconstruct connections among medical organizations for better health management of mothers and children suffering from anxieties.

このアンケート調査の目的は、県当局によれば、不安を抱えた母子のよりよい健康管理のために医療機関どうしの関係を再構築することだ。

021 Frankly, the current health management system of Fukushima is not working well after the disaster.

率直に言って、福島の現在の健康管理体制は震災以降うまく機能していない。

022 Just like the general health management survey, this new questionnaire requires mothers to write about their anxieties after the disaster in detail.

県民健康管理調査もそうだが、この新しいアンケート調査も母親が震災以降の不安を詳しく記入しなければならない。

023 I am afraid that it will be difficult to recall exactly what happened in the past.

過去に起きたことを正確に思い出すのは骨が折れるのではないだろうか。

024 In order not to waste the mothers'time, it should be made clear how the results of this investigation will be utilized and how policies will be improved.

母親の時間を無駄にしないために、この調査の結果がどう利用され、健康施策がどう改善されるのか、明らかにされるべきだ。

《和訳を読む》 ★英訳しながら読んでみましょう

福島県では、県民健康管理調査に続いて、妊婦の健康調査が行われようとしている。
このアンケート調査の目的は、県当局によれば、不安を抱えた母子の健康管理を向上させるために医療機関どうしの関係を再構築することだ。率直に言って、福島の現在の健康管理体制は震災以降うまく機能していない。県民健康管理調査もそうだが、この新しいアンケート調査も母親が震災以降の不安を詳しく記入しなければならない。過去に起きたことを正確に思い出すのは骨が折れるのではないだろうか。母親の時間を無駄にしないために、この調査の結果がどう利用され、健康施策がどう改善されるのか、明らかにされるべきだ。

● 放射線関連および重要表現

| 県民健康管理調査 | *general health management survey* |

You have to decide by yourself
自分で決めなければならない

☞ 英文読解のヒント

　震災から2ヵ月が過ぎた5月頃から、奥埜は福島市や郡山市を中心に福島県内の小中学校、公民館などで幾度も放射線に関する講演を行いました。
　奥埜は行政施策の中心にいたわけではありません。核医学を修めた一人の医学専門家として、自分の知を科学的に過不足なく伝える努力をしていたに過ぎません。
　線量率にして1μSv/hを少し超えるくらいの、いわば線量率が中程の地域での講演の依頼が多く、そこでの質問のほとんどは「ここに住んでいてよいのか」でした。
　氾濫する情報の中でなにを信じてよいのかという住民の不安に対し、奥埜が伝えた答えは「自分で決めるしかない」でした。

《英文を読む》

In the lecture meetings in which parents and other local residents participate, many critical questions are posed. These questions include those I cannot answer easily. Nevertheless, I explain the answer to each question to the best of my knowledge and information.

The questions can be summarized as one big question: whether they can stay here or not. I believe that the answer to this question is: you have to decide by yourself.

Of course, in order for residents to decide, the administration and **health experts** should make their best efforts to provide information, but now I do not think this is achieved satisfactorily.

I want to continue to share my ideas about the situation by writing more concrete answers to individual questions.

●放射線関連および重要表現

| health experts | 保健専門家 |

《和文対訳トレーニング》 ★1文1分間を目安に

025 In the lecture meetings in which parents and other local residents participate, many critical questions are posed.

子を持つ親や地元住民が参加する講演会では、重要な質問がたくさん出る。

026 These questions include those I cannot answer easily.

なかには簡単に答えられない質問もある。

027 Nevertheless, I explain the answer to each question to the best of my knowledge and information.

それでも、自分の知識と情報の及ぶかぎり、それぞれの質問に対する答えを説明する。

028 The questions can be summarized as one big question: whether they can stay here or not.

さまざまな質問もつまるところ1つの大きな問いに集約される。すなわち「ここにいてよいのか、悪いのか」である。

029 I believe that the answer to this question is: you have to decide by yourself.

この問いに対する答えは、「自分で決めなければならない」だと私は考える。

030 Of course, in order for residents to decide, the administration and health experts should make their best efforts to provide information, but now I do not think this is achieved satisfactorily.

もちろん、住民が決断するためには、行政と保健専門家が情報提供に最大限努力すべきだが、今はそれが十分に果たされていないと思う。

031 I want to continue to share my ideas about the situation by writing more concrete answers to individual questions.

個々の質問に対するもう少し具体的な答えを書くことで、現状について私の思うところを伝えていきたい。

《和訳を読む》 ★英訳しながら読んでみましょう

子を持つ親や地元住民が参加する講演会では、重要な質問がたくさん出る。なかには簡単に答えられない質問もある。それでも、自分の知識と情報の及ぶかぎり、それぞれの質問に対する答えを説明する。

さまざまな質問もつまるところ1つの大きな問いに集約される。すなわち「ここにいてよいのか、悪いのか」である。この問いに対する答えは、「自分で決めなければならない」だと私は考える。

もちろん、住民が決断するためには、行政と保健専門家が情報提供に最大限努力すべきだが、今はそれが十分に果たされていないと思う。

個々の質問に対するもう少し具体的な答えを書くことで、現状について私の思うところを伝えていきたい。

●放射線関連および重要表現

| 保健専門家 | *health experts* |

In order to "decide by yourself"
「自分で決める」ためには

☞ 英文読解のヒント

　奥埜は福島の住民たちの「ここに住んでいてよいのか」という問に「自分で決めるしかない」と答えました。それと同時に、この答えが質問者からみれば、"歯切れの悪いもの"であることも自覚していました。

　実際に、奥埜は講演の現場で「住んでいて大丈夫です」とか「住むのは危険だからすぐに引っ越してください」というような明確なメッセージを期待されていたといいます。

　その重くすがるような期待の中で、奥埜は「自分で決めるしかない」という答えを繰り返しました。

　当時、低線量被ばくの不確かな情報が流布し始めていました。

　住めるかどうかは、非常に小さな確率で存在する健康リスクをどう評価するかにかかっており、これは個人の領域であると奥埜は考えていたのです。行政は自分で決めるための最低の条件を提示していました。行政が「住めない」という区域と「住めない」とは言わない区域。

　しかし、避難区域、避難指示区域、警戒区域、居住制限区域、帰還困難区域、計画的避難区域、緊急時避難準備区域、狭間にある人たちは、それぞれをどう受けとめていいのか分からなかったのです。

　その後、さまざまな区域の解除・再編も進んでいますが、行政が「住めない」とは言わなかった区域の人たちが今どんな決断を下しているのかを考えること、これがアウトサイダーにできることのひとつかもしれません。

《英文を読む》

Surely, there is a limit beyond which your decision cannot be respected. The limit should be decided according to the seriousness of **health risks** because each region has different health risks. It should be the government who has to decide **evacuation areas** near **the nuclear power plant**. The authorities must estimate the maximal health risk to make such a decision for the residents. I will discuss how to decide **the borderline of the evacuation areas** more in later days.

Getting back to the original issue, as most of the regions in Fukushima are outside of the evacuation area, you can decide whether to stay or not by yourself. This corresponds to the title of this posting. We can decide our attitude if we know the seriousness of health risks in our own region. However, it is not as easy as we think.

●放射線関連および重要表現

health risks	健康リスク
evacuation areas	避難区域
the nuclear power plant	原子力発電所
the borderline of the evacuation areas	避難区域の境界

《和文対訳トレーニング》 ★1文1分間を目安に

032 Surely, there is a limit beyond which your decision cannot be respected.

間違いなく、「自分で決める」にも、それが尊重される限度というものはある。

033 The limit should be decided according to the seriousness of health risks because each region has different health risks.

地域ごとに健康リスクは異なるわけだから、その限度は健康リスクの深刻さによって決定されるべきだ。

034 It should be the government who has to decide evacuation areas near the nuclear power plant.

原子力発電所付近の避難区域を決定するのは行政であって然るべきだ。

035 The authorities must estimate the maximal health risk to make such a decision for the residents.

行政当局が最大の健康リスクを見積もったうえで、住民のためにそうした決定をしなければならない。

036 I will discuss how to decide the borderline of the evacuation areas more in later days.

この避難区域の境界をどう決めるかについては、後日述べることにしよう。

037 Getting back to the original issue, as most of the regions in Fukushima are outside of the evacuation area, you can decide whether to stay or not by yourself.

本題に戻ると、福島のほとんどの地域は避難区域の外にあるので、留まるかどうかは自分で決めてよいわけだ。

038 This corresponds to the title of this posting.

これが本文のタイトルに相当する前提だ。

039 We can decide our attitude if we know the seriousness of health risks in our own region.

自分の地域の健康リスクの深刻さが分かれば、自分の態度を決められる。

040 However, it is not as easy as we think.

ただし、それは思うほど簡単ではない。

《和訳を読む》　★英訳しながら読んでみましょう

間違いなく、「自分で決める」にも、それが尊重される限度というものはある。地域ごとに健康リスクは異なるわけだから、その限度は健康リスクの深刻さによって決定されるべきだ。原子力発電所付近の避難区域を決定するのは行政であって然るべきだ。行政当局が最大の健康リスクを見積もったうえで、住民のためにそうした決定をしなければならない。この避難区域の境界をどう決めるかについては、後日述べることにしよう。

本題に戻ると、福島のほとんどの地域は避難区域の外にあるので、留まるかどうかは自分で決めてよいわけだ。これが本文のタイトルに相当する前提だ。自分の地域の健康リスクの深刻さが分かれば、自分の態度を決められる。ただし、それは思うほど簡単ではない。

●放射線関連および重要表現

健康リスク	health risks
避難区域	evacuation areas
原子力発電所	the nuclear power plant
避難区域の境界	the borderline of the evacuation areas

Measurement of mother's milk
母乳の測定

☞ 英文読解のヒント

　震災1年目当時、母乳の放射性物質濃度検査が発表されたときには、その意義についてさまざまな意見が噴出しました。

　当時、奥垫も放射線対策はやれることはできるだけやるべきという立場に立ちつつも、この母乳の検査については、検査のタイミングや安全性を判断する基準等、どうもすっきりと納得することができなかったようです。

　2016年現在、福島での母子の健康支援事業も変化しつつあります。

　母乳検査も、育児不安を抱える方に助産師が相談に応じ、必要な方には母乳の放射性物質濃度検査を行う形に変わりました。

　安全性を確認する科学的な基準、行政の子どもの放射線の健康への影響を心配する親への対人業務、福島の行政が経験したことは検証され、世界と共有されるべき事柄です。

《英文を読む》

Then, why cannot I agree with the investigation completely? There are two points I am not sure about.

First, it seems too late to me. The government could have decided that they would carry out this investigation any time since last spring. In fact, the newborn babies at that time are about to finish their breast-feeding. I believe that the authorities have not intentionally delayed the measurement, hoping that no radioactive substances of high concentration would be detected, but I cannot help thinking that the timing is not ideal.

The other point is regarding how we can set the criteria of safety. I cannot think of any appropriate criteria to the best of my knowledge. For example, if you find that mother's milk contains 5MBq/kg of cesium, how can we explain how to judge the results to mothers?

One way of rationalizing this kind of examination is to investigate what some mothers ate and how they spent time and reveal the relationship between these and **radioactive substance concentration** in their milk. However, such a plan has not been announced yet.

I would like to write my thoughts again if the details become available.

●放射線関連および重要表現

radioactive substances	放射性物質
cannot help thinking that the timing is not ideal	タイミングがずれていると思わずにはいられない
the criteria of safety	安全性の基準
appropriate criteria	適切な基準
radioactive substance concentration	放射性物質濃度

《和文対訳トレーニング》 ★1文1分間を目安に

041　Then, why cannot I agree with the investigation completely?

それなら、なぜ調査に全面的に賛成できないのか？

042　There are two points I am not sure about.

よく分からない点が2つある。

043 First, it seems too late to me.

まず、私には調査が遅すぎるように思える。

044 The government could have decided that they would carry out this investigation any time since last spring.

行政は、この調査を行うことをその気になれば昨春以降いつでも決断できたのだ。

045 In fact, the newborn babies at that time are about to finish their breast-feeding.

ところが実際は、当時の新生児はそろそろ離乳にさしかかっている。

046 I believe that the authorities have not intentionally delayed the measurement, hoping that no radioactive substances of high concentration would be detected, but I cannot help thinking that the timing is not ideal.

高濃度の放射性物質が検出されないようにと、当局が意図的に測定を遅らせたわけではないと信じているが、タイミングがずれていると思わずにはいられない。

047 The other point is regarding how we can set the criteria of safety.

もう1点は、どうすれば安全性の基準を設定できるかについてだ。

048 I cannot think of any appropriate criteria to the best of my knowledge.

私の知るかぎり、適切な基準というものは思いつかない。

049 For example, if you find that mother's milk contains 5MBq/kg of cesium, how can we explain how to judge the results to mothers?

たとえば、母乳に5MBq/kgのセシウムが含まれているという結果が出たとして、その結果をどう判断したらいいか、いったいどうすれば母親に説明できるのか?

050 One way of rationalizing this kind of examination is to investigate what some mothers ate and how they spent time and reveal the relationship between these and radioactive substance concentration in their milk.

この種の検査を合理的に説明する方法の1つは、何人かの母親の食事と生活を調査し、それらと母乳中の放射性物質濃度との関係を明らかにすることだ。

051 However, such a plan has not been announced yet.

しかし、そのような計画はまだ発表されていない。

052 I would like to write my thoughts again if the details become available.

詳細が分かったら、また私の考えを書きたいと思う。

《和訳を読む》 ★英訳しながら読んでみましょう

それなら、なぜ調査に全面的に賛成できないのか？ よく分からない点が2つある。

まず、私には調査が遅すぎるように思える。行政は、この調査を行うことをその気になれば昨春以降いつでも決断できたのだ。ところが実際は、当時の新生児はそろそろ離乳にさしかかっている。高濃度の**放射性物質**が検出されないようにと、当局が意図的に測定を遅らせたわけではないと信じているが、**タイミングがずれていると思わずにはいられない。**

もう1点は、**安全性の基準**をどう設定するかについてだ。私の知るかぎり、**適切な基準**というものは思いつかない。たとえば、母乳に5MBq/kgのセシウムが含まれているという結果が出たとして、その結果をどう判断したらいいか、母親に説明できるのか？

この種の検査を合理的に説明する方法の1つは、何人かの母親の食事と生活を調査し、それらと母乳中の**放射性物質濃度**との関係を明らかにすることだ。しかし、そのような計画はまだ発表されていない。

詳細が分かったら、また私の考えを書きたいと思う。

●放射線関連および重要表現

放射性物質	*radioactive substances*
タイミングがずれていると思わずにはいられない	*cannot help thinking that the timing is not ideal*
安全性の基準	*the criteria of safety*
適切な基準	*appropriate criteria*
放射性物質濃度	*radioactive substance concentration*

Measuring food
食品を測定する

☞ 英文読解のヒント

　2011年秋、新米が流通する季節をむかえ、比較的多く放射性物質を含む米の存在について多数報道されました。

　福島の米も地域によって放射性物質量が異なり、奥埜もまた、放射性物質量を測定するためのさまざまな努力が行われていたことを評価しつつも、強い緊張感をもって推移を見守っていました。

　この文章は、2012年1月10日の福島民報による、機器不足から福島県の給食の放射性物質検査で、全食材に手が回らない、という記事を受けて書かれたものです。

　奥埜は食品に含まれる放射性物質量を測定することの重要性と、機器の配備や検査体制の確立に対する国や行政、専門機関の積極的な関与を求めています。

《英文を読む》

If you hope to measure **the quantity of radionuclides** accurately, you have to prepare a germanium counter, which costs 20 million yen . The Fukushima Minpo reported that the equipment ordered by **the Ministry of Education, Culture, Sports, Science and Technology (MEXT)** with a supplementary budget of last December cost 5 million yen.
It would not be easy to buy the equipment for each school, as they cost considerably, but you can buy more reasonable ones. For example, a **dosimeter** (120 thousand yen), a product by Horiba Corporation, can display approximate estimation if you buy an additional special vessel (25 thousand yen). However, you need to select equipment that suits your purpose, as the proper equipment is different depending on your situation. You may require **exact values**,

or you simply want to know the tendency for screening, and so on.

Technically speaking, the dosimeter cannot measure the quantity of radioactive nuclides in principle. It only indicates an **approximate value** by correlating data between **the air dose rate** (in μSv/h) and the quantity of radionuclides (MBq/kg).

I think it is worth knowing approximate values.

●放射線関連および重要表現

the quantity of radionuclides	放射性物質量
the Ministry of Education, Culture, Sports, Science and Technology (MEXT)	文部科学省
dosimeter	空間線量計
exact values	厳密な測定値
approximate value	概算値
the air dose rate	空間線量率

《和文対訳トレーニング》 ★1文1分間を目安に

053 If you hope to measure the quantity of radionuclides accurately, you have to prepare a germanium counter, which costs 20 million yen.

放射性物質量を正確に測りたいなら、1台2,000万円もするゲルマニウムカウンターを用意しなければならない。

054 The Fukushima Minpo reported that the equipment ordered by the Ministry of Education, Culture, Sports, Science and Technology (MEXT) with a supplementary budget of last December cost 5 million yen .

福島民報は、文部科学省によって昨年12月の補正予算で発注された機器は500万円だと報じた。

055 It would not be easy to buy the equipment for each school, as they cost considerably, but you can buy more reasonable ones.

ずいぶん値が張るものなので、学校ごとに機器を買うのは簡単ではないだろうが、もっと手頃な値段のものを買うこともできる。

056 For example, a dosimeter (120 thousand yen), a product by Horiba Corporation, can display approximate estimation if you buy an additional special vessel (25 thousand yen).

たとえば、株式会社堀場製作所の空間線量計(12万円)なら、専用容器(25,000円)を買い足せば、概算値を表示することができる。

057 However, you need to select equipment that suits your purpose, as the proper equipment is different depending on your situation.

ただし、状況に応じて適切な機器は異なるので、目的に合った機器を選ぶ必要がある。

058 You may require exact values, or you simply want to know the tendency for screening, and so on.

厳密な測定値が必要な場合、スクリーニングのために傾向を知りたいだけの場合、いろいろある。

059 Technically speaking, the dosimeter cannot measure the quantity of radionuclides in principle.

専門的な話をすれば、空間線量計では原理的に放射性物質量を測定することはできない。

060 It only indicates an approximate value by correlating data between the air dose rate (in μSv/h) and the quantity of radionuclides (MBq/kg).

空間線量計は、空間線量率（μSv/時）と放射性物質量（MBq/kg）との間でデータを相関させて概算値を示すにすぎない。

061 I think it is worth knowing approximate values.

私は概算値を知ることには意義があると考えている。

《和訳を読む》 ★英訳しながら読んでみましょう

放射性物質量を正確に測りたいなら、1台2,000万円もするゲルマニウムカウンターを用意しなければならない。福島民報の報道によれば、文部科学省が昨年12月の補正予算で発注した機器は500万円だという。
ずいぶん値が張るものなので、学校ごとに機器を買うのは簡単ではないだろうが、もっと手頃な値段のものを買うこともできる。たとえば、株式会社堀場製作所の空間線量計(12万円)なら、専用容器(25,000円)を買い足せば、概算値を表示することができる。ただし、状況に応じて適切な機器は異なるので、目的に合った機器を選ぶ必要がある。厳密な測定値が必要な場合、スクリーニングのために傾向を知りたいだけの場合、いろいろある。専門的な話をすれば、空間線量計では原理的に放射性物質量を測定することはできない。空間線量計は、空間線量率(μSv/時)と放射性物質量(MBq/kg)との間でデータを相関させて概算値を示すにすぎない。
私は概算値を知ることには意義があると考えている。

●放射線関連および重要表現

放射性物質量	*the quantity of radionuclides*
文部科学省	*the Ministry of Education, Culture, Sports, Science and Technology (MEXT)*
空間線量計	*dosimeter*
厳密な測定値	*exact values*
概算値	*approximate value*
空間線量率	*the air dose rate*

Shortage of vegetables and the effects on health
野菜不足と健康への影響

☞ 英文読解のヒント

　福島県は専業、兼業の農家が非常に多い地域であり、そのため、野菜を買わない、買う習慣があまりない、という世帯も少なくありません。農業を営んでなくとも、ご近所や親戚に分けてもらうというケースも多く聞かれます。

　そんな中で放射線の問題が起こり、自家野菜を食べにくい野菜不足の課題が生じてしまったのです。

　2011年の秋口から、福島での食品の放射性物質の量を測定する環境は整えられつつありましたが、まだまだ十分とは言いきれない状況の中、奥埜は講演会で「野菜を摂ること」について質問を受けました。

　この野菜不足の問題に対して万人が納得する正解というものはないでしょう。

　この文章の中で、奥埜自身は、講演会場では、少なくとも放射性物質の量が分かるまで、子どもたちに野菜を食べさせるのを控えたほうがよいと伝えつつ、野菜を摂らないことのリスクについても、言及しています。

《英文を読む》

The shortage of vegetables is becoming a big problem in Fukushima.

Some people may wonder why. The reason for the shortage is as follows. There are many **full-and part-time farmers** in Fukushima, a lot of whom do not have a habit of buying vegetables. If their family is not growing vegetables by themselves, usually neighbors or relatives give them some.

This lifestyle makes the radiation in food a problem, making it difficult for them to eat **homemade vegetables**. Since I started offering my lectures last year, I have been advising that parents avoid feeding vegetables to their children, at least while the concentration is unknown. From early fall, measures have been prepared to investigate the quantity of radioactive materials in food, including farm products, but there is not enough equipment for thorough investigation yet.

I can understand that people in Fukushima do not try to buy expensive vegetables from elsewhere in such an environment. However, the risk of not eating vegetables is sufficiently large, making it possible to have more **lifestyle-related diseases**, to have a weaker immune system, to have their mental health affected, and so on. Now, there is no "correct" solution that everyone can be convinced of about this vegetable problem.

●放射線関連および重要表現

the shortage of vegetables	野菜不足
full-and part-time farmers	専業・兼業農家
homemade vegetables	自家栽培の野菜
lifestyle-related diseases	生活習慣病

《和文対訳トレーニング》 ★1文1分間を目安に

062 The shortage of vegetables is becoming a big problem in Fukushima.

福島では野菜不足が大きな問題になりつつある。

063 Some people may wonder why.

福島でなぜ？ と不思議に思う人もいるかもしれない。

064 The reason for the shortage is as follows.

野菜不足の理由は次の通りだ。

065 There are many full-and part-time farmers in Fukushima, a lot of whom do not have a habit of buying vegetables.

福島は専業・兼業農家が多く、その大半は野菜を買う習慣がない。

066 If their family is not growing vegetables by themselves, usually neighbors or relatives give them some.

自分の家で野菜を栽培していなければ、たいていは近所の人や親戚が分けてくれる。

067 This lifestyle makes the radiation in food a problem, making it difficult for them to eat homemade vegetables.

このライフスタイルのせいで食品中の放射線が悩みの種となり、自家栽培の野菜を食べにくくなっている。

068 Since I started offering my lectures last year, I have been advising that parents avoid feeding vegetables to their children, at least while the concentration is unknown.

昨年、講演をするようになってからは、少なくとも放射性物質濃度が分からないうちは、子どもに野菜を食べさせるのは控えたほうがいいとアドバイスしてきた。

069 From early fall, measures have been prepared to in-vestigate the quantity of radioactive materials in food, including farm products, but there is not enough equipment for thorough investigation yet.

秋口から、農作物を含め、食品の放射性物質の量を調べるための手段は整えられたものの、徹底した調査をするにはまだ十分な機器がない。

070 I can understand that people in Fukushima do not try to buy expensive vegetables from elsewhere in such an environment.

そういう環境で福島の人が県外産の値段の高い野菜を買おうとしないことは理解できる。

071 However, the risk of not eating vegetables is sufficiently large, making it possible to have more lifestyle-related diseases, to have a weaker immune system, to have their mental health affected, and so on.

とはいえ、野菜を食べないリスクは十分に大きく、生活習慣病が増加する、免疫力が低下する、メンタルヘルスに影響する、などの恐れがある。

072　Now, there is no "correct" solution that everyone can be convinced of about this vegetable problem.

今のところ、この野菜問題について誰もが納得する「正しい」解決策はない。

《和訳を読む》　★英訳しながら読んでみましょう

福島では野菜不足が大きな問題になりつつある。

福島でなぜ？と不思議に思う人もいるかもしれない。野菜不足の理由は次の通りだ。福島は専業・兼業農家が多く、その大半は野菜を買う習慣がない。自分の家で野菜を栽培していなければ、たいていは近所の人や親戚が分けてくれる。

このライフスタイルのせいで食品中の放射線が悩みの種となり、自家栽培の野菜を食べにくくなっている。昨年、講演をするようになってからは、少なくとも放射性物質濃度が分からないうちは、子どもに野菜を食べさせるのは控えたほうがいいとアドバイスしてきた。秋口から、農作物を含め、食品の放射性物質の量を調べるための手段は整えられたものの、徹底した調査をするにはまだ十分な機器がない。

そういう環境で福島の人が県外産の値段の高い野菜を買おうとしないことは理解できる。とはいえ、野菜を食べないリスクは十分に大きく、生活習慣病が増加する、免疫力が低下する、メンタルヘルスに影響する、などの恐れがある。今のところ、この野菜問題について誰もが納得する「正しい」解決策はない。

●放射線関連および重要表現

野菜不足	*the shortage of vegetables*
専業・兼業農家	*full-and part-time farmers*
自家栽培の野菜	*homemade vegetables*
生活習慣病	*lifestyle-related diseases*

Vegetables, mothers and their mothers-in-law
野菜、母親、姑

☞ 英文読解のヒント

　奥埜が講演を続ける中で気づいたことがありました。
　それは、家の田畑でできたお米や野菜をお子さんに食べさせるかどうかは、嫁姑問題という側面もあるということでした。
　専門家による「放射線を測る」というシンプルな行為の啓発でさえ、対人関係の中では伝わりにくいことに気づいたのです。
　それに気づいた奥埜は、講演会場では、科学的に、客観的に、分かりやすく話して理解していただけるよう努めました。自身の科学者としての発言が、嫁姑の間で多少とも理解を深める助けになることを信じながら。
　この文章は、奥埜が感じた放射線問題によって生じた嫁姑問題です。

《英文を読む》

The problem of whether to feed rice and vegetables to children is related to the relationship between a mother-in-law and her daughter-in-law.

From the viewpoint of the grandparents, feeding abundant farm products harvested in their family's field to their grandchildren and watching them happily eat the rice and fruits is a most wonderful thing.

On the other hand, mothers feel uneasy feeding products that could possibly have **radioactive elements** in them. This causes conflicts between mothers and grandparents.

In such a case, if the mother says something like, "I wish I could give them home-grown food, but today, at a lecture meeting held in an elementary school, the professor said that parents had better avoid feeding **home-grown**

products to children until the investigation of radioactive elements is widely conducted", the grandparents may listen to the mother's opinion.

What the presenters of such lectures are required to do is to give scientific, objective and intelligible explanations that an audience can understand easily. That will facilitate mutual understanding between mothers and their mothers-in-law, just as in the anecdote above. If their conversations go smoothly without any conflicts, it will surely have positive effects on their family and their children.

1

●放射線関連および重要表現

| *radioactive elements* | 放射性物質 |
| *home-grown products* | 自家栽培の農作物 |

《和文対訳トレーニング》 ★1文1分間を目安に

073 The problem of whether to feed rice and vegetables to children is related to the relationship between a mother-in-law and her daughter-in-law.

子どもに米や野菜を食べさせるかどうかという問題は、姑と嫁の関係に結びつく。

074 From the viewpoint of the grandparents, feeding abundant farm products harvested in their family's field to their grandchildren and watching them happily eat the rice and fruits is a most wonderful thing.

祖父母の立場からは、先祖代々の田畑でとれた豊富な農作物を孫に食べさせ、孫が米や果物を喜んで食べるのを見ることはとてもすばらしいことだ。

075 On the other hand, mothers feel uneasy feeding products that could possibly have radioactive elements in them.

一方、母親は、放射性物質を含んでいるかもしれない農作物を食べさせるのは気がかりだ。

076 This causes conflicts between mothers and grandparents.

これが母親と祖父母の間に摩擦を引き起こす。

077 In such a case, if the mother says something like, "I wish I could give them home-grown food, but today, at a lecture meeting held in an elementary school, the professor said that parents had better avoid feeding home-grown products to children until the investigation of radioactive elements is widely conducted", the grandparents may listen to the mother's opinion.

そういう場合、母親が「できたらあの子たちに家で作ったものを食べさせたいんですけどね、今日、小学校であった講演会で大学の先生が言ってたんです。放射性物質の調査が広く実施されるまでは、子どもに自家栽培の農作物を食べさせるのは控えたほうがいいって」とでも言えば、祖父母も母親の意見に耳を傾けてくれるかもしれない。

078 What the presenters of such lectures are required to do is to give scientific, objective and intelligible explanations that an audience can understand easily.

そうした講演の講師に求められるのは、科学的で客観的な、そして聴衆がすぐに理解できる分かりやすい説明をすることだ。

079 That will facilitate mutual understanding between mothers and their mothers-in-law, just as in the anecdote above.

それが、上記の実例のように、母親と姑の相互理解を促すことになる。

080 If their conversations go smoothly without any conflicts, it will surely have positive effects on their family and their children.

母親と姑の会話がぎくしゃくせずに円滑に進むなら、家庭にも子どもにもプラスの影響を与えるのは間違いない。

《和訳を読む》 ★英訳しながら読んでみましょう

子どもに米や野菜を食べさせるかどうかという問題は、姑と嫁の関係に結びつく。

祖父母の立場からは、先祖代々の田畑でとれた豊富な農作物を孫に食べさせ、孫が米や果物を喜んで食べるのを見ることは大きな楽しみだ。

一方、母親は、放射性物質を含んでいるかもしれない農作物を食べさせるのは気がかりだ。こうして母親と祖父母の間に摩擦が生じる。

そういう場合、母親が「できたらあの子たちに家で作ったものを食べさせたいんですけどね、今日、小学校であった講演会で大学の先生が言ってたんです。放射性物質の調査が広く実施されるまでは、子どもに自家栽培の農作物を食べさせるのは控えたほうがいいって」とでも言えば、祖父母も母親の意見に耳を傾けてくれるかもしれない。

そうした講演の講師に求められるのは、科学的で客観的な、そして聴衆がすぐに理解できる分かりやすい説明をすることだ。それが、上記の実例のように、母親と姑の相互理解を促すことになる。母親と姑の会話がぎくしゃくせずに円滑に進むなら、家庭にも子どもにもプラスの影響を与えるのは間違いない。

● 放射線関連および重要表現

| 放射性物質 | *radioactive elements* |
| 自家栽培の農作物 | *home-grown products* |

New criteria for food contamination
食品汚染の新基準

☞ 英文読解のヒント

　2011年3月17日、原発事故から6日後、国は食品中の放射性物質の暫定基準値を示しました。放射性セシウムについて、一般食品では1キログラムあたり500ベクレル(Bq)の基準値を超えた食品に出荷制限がかけられました。

　それから約1年後、2012年4月に食品に関する新基準が施行されます。

　この文章は、その新基準施行から1ヵ月ほどして書かれたものです。

　一般食品の放射性セシウムの基準値は、500Bq/kgから、新基準では100Bq/kgとかなり厳格なものになりました。現在も日本全体の食品がこの基準値で管理されています。

　チェルノブイリ原発事故後に設定された輸入食品の放射性セシウムの基準値は370Bq/kg。2012年4月の新基準でも、輸入食品の基準値は変わりませんでした。しかし、国内の、福島の食品には厳格になってしまったわけです。

　奥埜はこの基準の作成過程で行われた専門家間の膨大な議論に敬意を払いつつ、結果として厳格にせざるを得なかった最終形を、複雑な気持ちで綴っています。

《英文を読む》

Although it is still difficult to evaluate this matter, I am going to show two ways of looking at it.

One of the viewpoints was that by establishing **strict criteria**, Japan is able to show that we work hard to deal with radiation. This is a positive consequence of the new criteria. On the other hand, **the new criteria** will require a tremendous expense to test whether produced food satisfies the criteria or not. This is the negative consequence. The new criteria will likely affect the Japanese economy both positively and negatively. The problem of increased cost will bring about bad influences on the economy in the same manner as the cost of **decontamination**.

It was reported in the newspaper that out of 13,687 examined food items, 337 exceeded the new criteria in the month of April after the new rule became effective. Sea products and agricultural products that grow in the soil, such as mushrooms and bamboo shoots, **tend to show high radiation levels**.

Closely related to the matter of decontamination, which I will describe later, it is necessary to decide how thoroughly we should take countermeasures, considering various aspects, especially for this kind of long-lasting problem that we are facing.

●放射線関連および重要表現

strict criteria	厳しい基準
the new criteria	新基準
decontamination	除染
tend to show high radiation levels	高い放射線量を示す傾向がある

《和文対訳トレーニング》 ★1文1分間を目安に

081 Although it is still difficult to evaluate this matter, I am going to show two ways of looking at it.

この問題を評価するのはまだ難しいが、2つの観点を示そうと思う。

082 One of the viewpoints was that by establishing strict criteria, Japan is able to show that we work hard to deal with radiation.

1つは、厳しい基準を設けることによって、日本は放射線問題に対処するために力を尽くしていることを示せるということだ。

083 This is a positive consequence of the new criteria.

これは新基準の好ましい結果である。

084 On the other hand, the new criteria will require a tremendous expense to test whether produced food satisfies the criteria or not.

一方、新基準は、生産された食品が基準を満たしているか否か検査するのに多大な費用を要する。

085 This is the negative consequence.

これは悪い結果である。

086 The new criteria will likely affect the Japanese economy both positively and negatively.

新基準は日本経済に好悪両方の影響を及ぼしそうだ。

087 The problem of increased cost will bring about bad influences on the economy in the same manner as the cost of decontamination.

コスト増加の問題は、除染コストと同様に経済に悪影響をもたらすだろう。

088 It was reported in the newspaper that out of 13,687 examined food items, 337 exceeded the new criteria in the month of April after the new rule became effective.

新聞では、新ルール発効後の4月の1ヵ月間で、検査対象となった食材13,687点のうち337点が新基準を超えていたと報じられている。

089 Sea products and agricultural products that grow in the soil, such as mushrooms and bamboo shoots, tend to show high radiation levels.

海産物とキノコやタケノコのような土中で育つ農産物が高い放射線量を示す傾向がある。

090 Closely related to the matter of decontamination, which I will describe later, it is necessary to decide how thoroughly we should take countermeasures, considering various aspects, especially for this kind of long-lasting problem that we are facing.

後で述べる除染の問題とも密接に関連するが、特にこのような私たちが直面している長期的な問題に対しては、さまざまな側面を考慮しながら、対応策をどこまで徹底してやるか決める必要がある。

《和訳を読む》 ★英訳しながら読んでみましょう

この問題を評価するのはまだ難しいが、2つの観点を示そうと思う。
1つは、**厳しい基準**を設けることによって、日本は懸命に放射線問題に対処していることを示せるということだ。これは**新基準**の好ましい結果である。一方、新基準は、生産された食品が基準を満たしているか否か検査するのに多大な費用を要する。これは悪い結果である。新基準は日本経済に好悪両方の影響を及ぼしそうだ。コスト増加の問題は、**除染**コストと同様に経済に悪影響をもたらすだろう。
新聞では、新ルール発効後の4月の1ヵ月間で、検査対象となった食材13,687点のうち337点が新基準を超えていたと報じられている。海産物とキノコやタケノコのような土中で育つ農産物が**高い放射線量を示す傾向がある**。
後で述べる除染の問題とも密接に関連するが、特にこのような私たちが直面している長期的な問題に対しては、さまざまな側面を考慮しながら、対応策をどこまで徹底してやるか決める必要がある。

● 放射線関連および重要表現

厳しい基準	*strict criteria*
新基準	*the new criteria*
除染	*decontamination*
高い放射線量を示す傾向がある	*tend to show high radiation levels*

Examination of actual meals
実際の食事の調査(陰膳調査)

☞ 英文読解のヒント

　ここで取り上げるのは、食品中の放射性セシウムから受ける放射線量の調査方法についての文章です。

　震災後の食品調査では陰膳調査と呼ばれる調査方式が多くとられました。陰膳調査はそもそも放射線量測定のためだけでなく、さまざまな化学物質の摂取量を推定するための調査方法の1つで、家族1人分の食事を余計に作り、その放射線物質量を丸ごと測定してしまう調査を指します。実際の食事を使用するため調査の手間は相当かかります。しかし、実際の放射性物質量が分かるため、国民が疑心暗鬼になっていた当時、説得力がある最も重要な検査方法であると奥埜は考えていました。

　文章にあるように、震災1年目の時点のデータを参照すると多くが低い値を示していました。しかし、当時はまだまだ発表されているデータの量が少なく、奥埜も確実なことを言えるのはもう少し先だと感じていました。

　2015年2・3月の時点、厚生労働省の調査によれば、食品中の放射性セシウムから受ける放射線量は基準値である「年間上限線量1ミリシーベルト(mSv)/年」の1%以下と極めて小さくなっています。

《英文を読む》

It is becoming popular to perform **the measurement of actual meals**. This examination is carried out by preparing one extra set of an actual meal and placing everything in the measurement instrument. Although it requires time and labor, it provides persuasive data because radiation contained in the actual meal is measured. Much of the data which has been published recently indicates lower values than we expected. I would like to show you an example, the data announced by Co-op Fukushima in Fukushima Prefecture, in which they measured **the radiation levels** of the meals prepared by 51 families in collaboration with the national Co-op network (as of January 29, 2012). In this investigation, the cut-off level of being evaluated as positive was 1Bq/meal. There were 6 positive results out of 51 and the maximum value was 11.7Bq/meal.

When interpreting the data, we need to pay special attention to the existence of **radioactive potassium** (K-40). We Japanese are considered to be exposed to 0.41mSv of radioactivity annually through meals. Another example is the result of the collaborative research with University of Kyoto on January 19, 2012, published by the Asahi Newspaper. The median and maximal values were 4.01Bq/kg and 17.30Bq/kg respectively in Fukushima Prefecture, 0.35Bq/kg and 10.37Bq/kg in Kanto area. In western Japan, radiation was detected only from one sample, 0.62Bq/kg, exceeding the criteria.

This method will become the standard in the assessment of safety of food.

●放射線関連および重要表現

the measurement of actual meals	実際の食事の測定（陰膳調査）
the radiation levels	放射線量
radioactive potassium	放射性カリウム

郵便はがき

167-8790

料金受取人払
荻窪局承認
496

差出有効期間
平成29年3月
11日まで切手
はいりません

(受取人)
東京都杉並区西荻北
4-1-16-201

株式会社 SCICUS
マーケティング部 行

お名前	(男・女)	ご年齢	歳
	お電話	( )	
e-mail:	FAX	( )	

ご住所　〒
都府 　　道県

学校名	在学 (　年)
	既卒 (　年卒)

勤務先

ご購入書店名	市・区・町	書店

サイカスの医学・医療系出版物

★ご購読ありがとうございました。今後の出版企画の参考にさせていただきますので、ご意見・ご感想を是非お寄せください。

●お買い上げ書籍名（　　　　　　　　　　　　　　　　　　　　　　　　）

●本書を何でお知りになりましたか？

1. マスコミの記事を見て（媒体誌名　　　　　　　　　　　　　　　　　）
2. 広告を見て（媒体誌名　　　　　　　　　　　　　　　　　　　　　　）
3. インターネット　4. 書店店頭　5. DM　6. 研修資材として
7. 知人の紹介　8. その他（　　　　　　　　　　　　　　　　　　　　）

●あなたのご職業は何ですか？

1. 勤務医　2. 開業医　3. 病院薬剤師　4. 薬局薬剤師　5. 看護師
6. MR　7. 製薬企業研修担当者　8. 医療系教育関係者　9. 一般
10. その他（　　　　　　　　　　　　　　　　　　　　　　　　　　　）

●本書の内容についてご意見をお聞かせください。

1. 役に立った内容、気に入られた点は何ですか？

2. 不足していた内容、気に入らなかった点は何ですか？

●ご購入の動機・ご使用の目的をお聞かせください。

●今後読みたいと思うテーマや内容をお聞かせください。

☆ご協力ありがとうございました。本カードで取得したお客様の個人情報は、厳重に保護されます。

※当社からの各種ご案内（新刊案内等）、読者調査等のご協力のお願いに使用させていただいてよろしいですか？　□Yes　□No

☆弊社ホームページ　http://www.scicus.jp/　も是非ご覧ください。

《和文対訳トレーニング》 ★1文1分間を目安に

091 It is becoming popular to perform the measurement of actual meals.

実際の食事の測定(陰膳調査)を行うことが一般的になってきている。

092 This examination is carried out by preparing one extra set of an actual meal and placing everything in the measurement instrument.

この調査は、実際の食事を1人分多く用意し、すべてを測定機器にかけて実施される。

093 Although it requires time and labor, it provides persuasive data because radiation contained in the actual meal is measured.

時間と手間を要するが、実際の食事に含まれる放射性物質量が測定されるので説得力のあるデータを提供する。

094 Much of the data which has been published recently indicates lower values than we expected.

最近発表されたデータのほとんどは、予想していたより低い値を示している。

095 I would like to show you an example, the data announced by Co-op Fukushima in Fukushima Prefecture, in which they measured the radiation levels of the meals prepared by 51 families in collaboration with the national Co-op network (as of January 29, 2012).

一例として、福島県のコープふくしまが、日本生協連と協力して51家庭で用意された食事の放射線量を測定し、発表したデータを挙げたい(2012年1月29日現在)。

096 In this investigation, the cut-off level of being evaluated as positive was 1Bq/meal.

この調査では、検出限界は1Bq/食だった。

097 There were 6 positive results out of 51 and the maximum value was 11.7Bq/meal.

検出限界を超える結果が出たのは51家庭中6家庭、最高値は11.7Bq/食だった。

098 When interpreting the data, we need to pay special attention to the existence of radioactive potassium (K-40).

このデータを解釈する際は、放射性カリウム(K-40)の存在に特に注意する必要がある。

099 We Japanese are considered to be exposed to 0.41mSv of radioactivity annually through meals.

私たち日本人は、食事から年間0.41mSvの放射能に被ばくすると見なされる。

100 Another example is the result of the collaborative research with University of Kyoto on January 19, 2012, published by the Asahi Newspaper.

別の例としては、朝日新聞によって発表された、2012年1月19日の京都大学との共同調査の結果がある。

101 The median and maximal values were 4.01Bq/kg and 17.30Bq/kg respectively in Fukushima Prefecture, 0.35Bq/kg and 10.37Bq/kg in Kanto area.

中央値と最高値が福島県ではそれぞれ4.01Bq/kgと17.30Bq/kg、関東地方では0.35Bq/kgと10.37Bq/kgだった。

102 In western Japan, radiation was detected only from one sample, 0.62Bq/kg, exceeding the criteria.

西日本では、1例しか検出されず、基準値を超える0.62Bq/kgだった。

103 This method will become the standard in the assessment of safety of food.

この陰膳方式は食の安全性を評価するうえでスタンダードになるだろう。

《和訳を読む》 ★英訳しながら読んでみましょう

実際の食事の測定（陰膳調査）が広く行われるようになってきている。この調査は、実際の食事を1人分多く用意し、すべてを測定機器にかけて実施される。時間と手間はかかるが、実際の食事に含まれる放射性物質量が測定されるので説得力のあるデータになる。最近発表されたデータのほとんどは、予想していたより低い値を示している。一例として、福島県のコープふくしまが、日本生協連と協力して51家庭の食事の**放射線量**を測定し、発表したデータを挙げたい（2012年1月29日現在）。この調査では、検出限界は1Bq/食だった。検出限界を超える結果が出たのは51家庭中6家庭、最高値は11.7Bq/食だった。

このデータを解釈する際は、**放射性カリウム**(K-40)の存在に特に注意する必要がある。私たち日本人は、食事から年間0.41mSvの放射能に被ばくすると見なされる。別の例としては、朝日新聞が発表した、2012年1月19日に京都大学と共同で行った調査の結果がある。中央値と最高値が福島県ではそれぞれ4.01Bq/kgと17.30Bq/kg、関東地方では0.35Bq/kgと10.37Bq/kgだった。西日本では、1例しか検出されず、基準値を超える0.62Bq/kgだった。

この方式は食の安全性を評価するうえでスタンダードになるだろう。

●放射線関連および重要表現

実際の食事の測定（陰膳調査）	*the measurement of actual meals*
放射線量	*the radiation levels*
放射性カリウム	*radioactive potassium*

Two myths: safety myth and danger myth
2つの神話：安全神話と危険神話

☞ 英文読解のヒント

　震災直後、原発を推進してきた政府やメーカー、電力会社の御用学者と呼ばれる人たちによる安全神話が情報を席巻しました。

　彼らはことさら安全であることを謳いました。誰も経験したことのない状況下で、彼らにも制御しきれない「何か」があったことは想像できます。多くの国民はそれを信じました。

　震災直後の安全神話から半年もすると、今度は危険神話が広がりはじめました。とにかく子どもたちには一切の放射線リスクを背負わせてはならないとする主張です。多くの国民は迷い、アウトサイダーたちは被災者たちの判断を傍観しました。

　当時、情報を聞く側も冷静ではなく、自ら判断する知識もありませんでした。

　この文章の中で、奥埜は、安全神話の語り部と危険神話の語り部をどちらを信用するのかではなく、安全側にも危険側にも無条件に与せず、筋道立てて考えることが重要だと説いています。

　ただ、奥埜が冷静で科学的な見方を続けられていたのは、自らの専門家としての知識だけでなく、安全神話側にも属さず、危険神話に傾倒しがちな完全な当事者側でもない、いわゆるアウトサイダーとしての立場があったからかもしれません。

《英文を読む》

Immediately after the earthquake, there appeared in the mass media many **academic experts** stating only that we would be safe. They were criticized as "the scholars patronized by the government." Unfortunately, they were indeed responsible because they themselves decided to state their opinions from their own will. Later, as I communicated with some of the experts in question, I learned that there was an uncontrollably huge wall that blocked information. Of course, it was these experts' decision to appear on TV and provide comments, knowing that some information was blocked by that wall: they cannot entirely escape from criticism. Nevertheless, we'd better be aware that they could not control all the information in those days.

The extreme opposite of the "**safety myth**" was the so-called "**danger myth**," which has been gradually strengthening in influence since the summer of 2011. The "danger myth" experts all insist that children should avoid every little risk of exposure that could possibly exist.

I cannot help feeling very disappointed with them, as they became influential not immediately after the disaster, but later, in summer when people have become less upset.

Today, the balance between these two myths is off: in Tokyo, as well as in Fukushima, some people feel rather relieved (?) by making sure that they are still in danger. It is a **paradoxical phenomenon**. I would like to emphasize that logical thinking is essential, without going to either extreme.

●放射線関連および重要表現

academic experts	学識経験者
safety myth	安全神話
danger myth	危険神話
paradoxical phenomenon	矛盾する現象

《和文対訳トレーニング》 ★1文1分間を目安に

104 Immediately after the earthquake, there appeared in the mass media many academic experts stating only that we would be safe.

地震直後、安全だとしか言わない学識経験者がマスメディアにたくさん登場した。

105 They were criticized as "the scholars patronized by the government."

彼らは「御用学者」と批判された。

106 Unfortunately, they were indeed responsible because they themselves decided to state their opinions from their own will.

残念ながら、自らが自分の意志で自分の意見を述べると決めたのだから、彼らには確かに責任があった。

107 Later, as I communicated with some of the experts in question, I learned that there was an uncontrollably huge wall that blocked information.

後に、問題視された何人かの専門家と話をして、情報をコントロールできないほど大きな壁があることを知った。

108 Of course, it was these experts' decision to appear on TV and provide comments, knowing that some information was blocked by that wall: they cannot entirely escape from criticism.

もちろん、その壁に遮断される情報もあると知りながら、テレビに出て、コメントすることは当人たちの決定だった。批判を完全に免れることはできない。

109 Nevertheless, we'd better be aware that they could not control all the information in those days.

それでも、当時、彼らがすべての情報をコントロールできたわけではなかったと知っておいたほうがいい。

110 The extreme opposite of the "safety myth" was the so-called "danger myth," which has been gradually strengthening in influence since the summer of 2011.

「安全神話」の対極は、いわゆる「危険神話」で、こちらは2011年夏以降、次第に影響力を強めている。

111 The "danger myth" experts all insist that children should avoid every little risk of exposure that could possibly exist.

「危険神話」派の専門家はこぞって、子どもはわずかでも存在する可能性があるすべての被ばくリスクを避けるべきと主張する。

112 I cannot help feeling very disappointed with them, as they became influential not immediately after the disaster, but later, in summer when people have become less upset.

「危険神話」派は、震災直後ではなく、もっと後、人々が少し落ち着きを取り戻し夏になって影響力を持つようになったので、彼らに大きな失望を覚えずにはいられない。

113 Today, the balance between these two myths is off: in Tokyo, as well as in Fukushima, some people feel rather relieved (?) by making sure that they are still in danger.

現在、この2つの神話のバランスがくずれている。東京でも、福島でも、まだ危険だと確認してむしろ安心(?)している人もいる。

114

It is a paradoxical phenomenon. I would like to emphasize that logical thinking is essential, without going to either extreme.

矛盾する現象だ。両極端に走らない論理的思考が大切だと強調しておきたい。

《和訳を読む》 ★英訳しながら読んでみましょう

地震直後、安全だとしか言わない学識経験者がマスメディアにたくさん登場した。彼らは「御用学者」と批判された。残念ながら、自らが自分の意志で自分の意見を述べると決めたのだから、彼らには確かに責任があった。後に、問題視された何人かの専門家と話をして、情報を遮断するどうにもならないほど大きな壁があることを知った。もちろん、その壁に遮断される情報もあると知りながら、テレビに出て、コメントすると決めたのは当人たちだ。批判を完全に免れることはできない。それでも、当時、彼らがすべての情報をコントロールできたわけではなかったと知っておいたほうがいい。

「安全神話」の対極は、いわゆる「危険神話」で、こちらは2011年夏以降、次第に影響力を強めている。「危険神話」派の専門家はこぞって、子どもはわずかでも考えられるかぎりすべての被ばくリスクを避けるべきと主張する。「危険神話」派は、震災直後ではなく、もっと後、人々が少し落ち着きを取り戻した夏になって影響力を持つようになったので、彼らに大きな失望を覚えずにはいられない。

現在、この2つの神話のバランスがくずれている。東京でも、福島でも、まだ危険だと確認してむしろ安心(?)している人もいる。矛盾する現象だ。両極端に走らない論理的思考が大切だと強調しておきたい。

●放射線関連および重要表現

学識経験者	*academic experts*
安全神話	*safety myth*
危険神話	*danger myth*
矛盾する現象	*paradoxical phenomenon*

Who can we trust?
誰を信じればいいのか？

☞ 英文読解のヒント

　この文章が書かれた時、震災発生から10ヵ月近くが経っていました。
　嵐のような時期はほんの少し遠ざかり、皆が物事をある程度冷静に判断することができる時期にきた頃です。
　奥埜は、当事者である福島に住む人たちが、そして、日本のすべてのアウトサイダーたちが、放射線問題をどう受け止め、どう昇華していけばよいのか、自分にできることを考えていました。
　誰の心にもある、放射線にばかり関わっていられないという気持ち。
　放射線の存在を忘れることは適切ではない。しかし、生活の中で放射線を気にしすぎることもまたよいことではない。
　そんな難しい状況の中、奥埜自身の言葉も含め、人々が誰の言葉を信じればいいのか分からなくなっていることに気づきます。

《英文を読む》

There were two extremes: some experts confirmed, with little grounds, public safety, and tried to give too much assurance by saying "this level of **radiation exposure** will never have any effects on human health," whilst other experts stressed the risks, saying that we should avoid at our peril any chance of getting exposed. Due to this situation, people could not judge whose opinions to trust or what to do at all.

Of course, I can understand that some confusion occurred before we were fully informed about **the radiation problem** after **the nuclear explosion**. It was also possible that the judgments of a person or an organization changed over time due to the continuously changing situation and a cascade of newly arising pieces of information.

Nevertheless, I think that experts and the government should not have imposed their ideas of absolute safety on the general public, or to the contrary, should not have overemphasized the danger to the extent that they appeared to be trying to enhance their own presence, utilizing this opportunity.

● 放射線関連および重要表現

radiation exposure	放射線被ばく
the radiation problem	放射線問題
the nuclear explosion	原発事故

《和文対訳トレーニング》 ★1文1分間を目安に

115 There were two extremes: some experts confirmed, with little grounds, public safety, and tried to give too much assurance by saying "this level of radiation exposure will never have any effects on human health," whilst other experts stressed the risks, saying that we should avoid at our peril any chance of getting exposed.

両極端な説があった。大した根拠もなく、市民の安全を請け合い、「この程度の放射線被ばくなら人間の健康に何ら影響しない」と言って過度の保証を与えようとする専門家がいた一方、リスクを強調し、どんなものでも被ばくの可能性は全力で避けるべきと唱える専門家がいた。

116　Due to this situation, people could not judge whose opinions to trust or what to do at all.

この状況のせいで、誰の意見を信じ、いったい何をすればいいのか判断がつかなかった。

117　Of course, I can understand that some confusion occurred before we were fully informed about the radiation problem after the nuclear explosion.

もちろん、原発事故の後、放射線問題について私たちが十分に情報を知らされるまでに、多少の混乱が生じたことは理解できる。

118　It was also possible that the judgments of a person or an organization changed over time due to the continuously changing situation and a cascade of newly arising pieces of information.

刻々と変わっていく状況や一連の新たに生じる情報により、人や組織の判断が時間とともに変わることもありえた。

119　Nevertheless, I think that experts and the government should not have imposed their ideas of absolute safety on the general public, or to the contrary, should not have overemphasized the danger to the extent that they appeared to be trying to enhance their own presence, utilizing this opportunity.

それでも、専門家や政府は一般市民に絶対的な安全という考えを押し付けるべきではなかったし、逆に、この機に乗じて自らの存在感を高めようとしているかのように見えるほど危険を煽るべきではなかったと思う。

《和訳を読む》 ★英訳しながら読んでみましょう

両極端な説があった。大した根拠もなく、市民の安全を請け合い、「この程度の放射線被ばくなら健康に何ら影響しない」と言って過度の保証を与えようとする専門家がいた一方、リスクを強調し、どんなものでも被ばくの可能性は全力で避けるべきと唱える専門家がいた。この状況のせいで、誰の意見を信じ、いったい何をすればいいのか判断がつかなかった。

もちろん、原発事故の後、放射線問題について詳しいことが分かってくるまでに、多少の混乱が生じたことは理解できる。刻々と変わっていく状況や一連の新たに生じる情報により、人や組織の判断が時間とともに変わることもありえた。

それでも、専門家や政府は一般市民に絶対的な安全という考えを押し付けるべきではなかったし、逆に、この機に乗じて自らの存在感を高めようとしているかのように見えるほど危険を煽るべきではなかったと思う。

●放射線関連および重要表現

放射線被ばく	*radiation exposure*
放射線問題	*the radiation problem*
原発事故	*the nuclear explosion*

Radiation hormesis
放射線ホルミシス

☞ 英文読解のヒント

　ある講演の会場で、奥埜は初老の男性からこんな質問を受けました。
「私は福島にいるが、秋田に住む親戚を呼んで放射線を浴びさせた方がいいのか？」
　この男性はTVで見た『ホルミシスがあるから放射線は浴びた方がかえっていいのだ』というある放射線の専門家の言葉を信じ、「自分だけが浴びて親戚は浴びられないのは申し訳ない」と言うのでした。
　この質問に奥埜はどう答えたのでしょうか？
　専門家の言葉の重さを強く感じ、当時の時点で、放射線ホルミシスの是非について軽々に論じることを避ける必要もありました。その上で、奥埜は低線量の被ばくが健康にどの程度影響を及ぼすかに結論が出せない状況下で、放射線ホルミシスが一人歩きすることの危険性を伝えています。

《英文を読む》

Radiation hormesis is a theory that says **low-dose exposure** less than a certain amount is not harmful to organisms, but instead decreases the rate of disorders.

This theory was created in **radiobiology**, which is a field in medical science that studies the effects of irradiated cells. It is known that this theory was suggested by an American biochemist in his article published in 1978.

Some scientists in the field of radiobiology have put for ward a theory that irradiating human cells has good effects on the human body and that the probability of carcinogenesis actually decreases. However, this theory is not in the mainstream nowadays. There is some evidence from experiments with cells (usually called experiments at the "cell level"), but I think it is safe to assume that the theory is not established.

Last summer, an elderly man asked me in a lecture meeting, "I live in Fukushima, but should I call my relatives living in Akita to Fukushima and expose them to radiation? I heard a great professor say, 'You should expose yourself to radiation according to the hormesis theory'."

Of course, it does not really need much of an explanation that my answer to this gentleman's question is "No." Even if the effect of **low-dose radiation** is small, intentionally increasing **the radiation exposure level** is not good at all. Once again, I was reminded that words are weighty and powerful.

●放射線関連および重要表現

radiation hormesis	放射線ホルミシス
low-dose exposure	低線量被ばく
radiobiology	放射線生物学
low-dose radiation	低線量放射線
the radiation exposure level	放射線被ばく量

《和文対訳トレーニング》 ★1文1分間を目安に

120 Radiation hormesis is a theory that says low-dose exposure less than a certain amount is not harmful to organisms, but instead decreases the rate of disorders.

放射線ホルミシスとは、一定量より少ない低線量被ばくは生物にとって有害ではなく、むしろ障害の発生率を下げるという理論だ。

121　This theory was created in radiobiology, which is a field in medical science that studies the effects of irradiated cells.

この理論は、放射線生物学、すなわち放射線にさらされた細胞の影響を研究する医学の一分野で生まれた。

122　It is known that this theory was suggested by an American biochemist in his article published in 1978.

この理論は米国の生化学者によって1978年発表の自身の論文で提唱されたということが知られている。

123　Some scientists in the field of radiobiology have put forward a theory that irradiating human cells has good effects on the human body and that the probability of carcinogenesis actually decreases.

放射線生物学の研究者の一部は、人間の細胞に放射線を照射すると人体に有益な影響があり、かえって発がん率が低くなるという理論を唱えてきた。

124　However, this theory is not in the mainstream nowadays.

しかし、この理論は最近は主流ではない。

125　There is some evidence from experiments with cells (usually called experiments at the "cell level"), but I think it is safe to assume that the theory is not established.

細胞を用いた実験（一般に「細胞レベル」の実験と呼ばれる）の証拠もあるが、この理論は確立されていないと考えるのが無難だと私は思う。

126 Last summer, an elderly man asked me in a lecture meeting, "I live in Fukushima, but should I call my relatives living in Akita to Fukushima and expose them to radiation? I heard a great professor say, 'You should expose yourself to radiation according to the hormesis theory'."

昨夏、ある講演会で年配の男性が私にこう質問した。「私は福島に住んでいますが、秋田に住んでいる親戚を福島に呼んで放射線を浴びさせたほうがいいでしょうか？偉い教授が『ホルミシス理論によれば放射線は浴びたほうがいい』と言うのを聞いたのですが。」

127 Of course, it does not really need much of an explanation that my answer to this gentleman's question is "No."

もちろん、この男性の質問に対する私の答えが「いいえ」だということは説明するまでもない。

128 Even if the effect of low-dose radiation is small, intentionally increasing the radiation exposure level is not good at all.

たとえ低線量放射線の影響が小さいとしても、放射線被ばく量を意図的に増やすことは少しもよいことではない。

129 Once again, I was reminded that words are weighty and powerful.

あらためて、言葉というものは重く、強いものだと気づかされた。

《和訳を読む》 ★英訳しながら読んでみましょう

放射線ホルミシスとは、一定量より少ない**低線量被ばく**は生物にとって有害ではなく、むしろ障害の発生率を下げるという理論だ。

この理論は、**放射線生物学**、すなわち放射線にさらされた細胞の影響を研究する医学の一分野で生まれた。米国の生化学者が1978年に発表した論文で提唱した理論だということが知られている。

放射線生物学の研究者の一部は、人間の細胞に放射線を照射すると人体に有益な影響があり、かえって発がん率が低くなるという理論を唱えてきた。しかし、この理論は最近は主流ではない。細胞を用いた実験（一般に「細胞レベル」の実験と呼ばれる）の証拠もあるが、確立されていない理論だと考えるのが無難だと私は思う。

昨夏、ある講演会で年配の男性が私にこう質問した。「私は福島に住んでいますが、秋田に住んでいる親戚を福島に呼んで放射線を浴びさせたほうがいいでしょうか？偉い教授が『ホルミシス理論によれば放射線は浴びたほうがいい』と言うのを聞いたのですが。」

もちろん、説明するまでもなく、この男性の質問に対する私の答えは「いいえ」だ。たとえ**低線量放射線**の影響が小さいとしても、**放射線被ばく量**を意図的に増やすことは少しもよいことではない。

あらためて、言葉というものは重く、強いものだと気づかされた。

●放射線関連および重要表現

放射線ホルミシス	*radiation hormesis*
低線量被ばく	*low-dose exposure*
放射線生物学	*radiobiology*
低線量放射線	*low-dose radiation*
放射線被ばく量	*the radiation exposure level*

Patients refrain from having a CT examination
CT検査を受けない患者

☞ 英文読解のヒント

　奥埜は核医学の専門医です。当時、放射線部門で働く医師や技師から似たような報告を受けていました。福島県内に限らず、東日本を中心に全国的に必要なCT検査（コンピューター断層撮影、X線を使った画像診断）を受けない人が目立つようになってきたというのです。放射線が急に身近になった原発事故以来、放射線には発がんリスクがある、という事実がよく知られるようになったことが原因でした。

　放射線が人体に影響を与えるものであることは間違いありません。必要以上にCT検査やレントゲン写真に頼った医療が行われているとすれば医師の側にも反省すべき面もあるかもしれません。放射線検査に限らず、さまざまな医療行為が適正に行われるべきであることは言うまでもないでしょう。

　しかし、必要な検査を受けないデメリットも忘れてはいけません。

　この文章は、奥埜が放射線検査の目的とメリット、デメリットを患者さんに十分に理解していただこうと記した文章です。

《英文を読む》

All medical treatments have potential risks of bad effects. It sounds like an extreme description, but as the Japanese expression "serving as neither poison nor medicine" indicate, we should recognize that an effective drug and various medical procedures have good and bad effects.

For example, if you take **anticoagulant**, a drug that prevents coagulation of blood, to avoid **cerebral infarction**, the danger of **cerebral hemorrhage** increases by contrast. Doctors judge the merits and demerits and decide on the use of appropriate medicine. We call it "a spoon technique," meaning to make something just right. Not only medicines, but also all medical procedures, have the same characteristics. Patients must consider if they should have a **CT examination**, but they will suffer from a disadvantage if they do not undergo a necessary CT examination.

Such examinations as an **ultrasound test** on suspicion of liver cancer, and a CT examination to check for recurrent colorectal cancer one year after the operation, are examples of essential examinations. If we avoid necessary examinations too much, we ourselves will suffer from the demerits.

●放射線関連および重要表現

anticoagulant	抗凝固剤
cerebral infarction	脳梗塞
cerebral hemorrhage	脳出血
CT examination	CT検査
ultrasound test	超音波検査

《和文対訳トレーニング》 ★1文1分間を目安に

130 All medical treatments have potential risks of bad effects.

あらゆる医療行為は、身体に悪い作用という潜在的なリスクがある。

131 It sounds like an extreme description, but as the Japanese expression "serving as neither poison nor medicine" indicate, we should recognize that an effective drug and various medical procedures have good and bad effects.

極端な言い方のように聞こえるが、「毒にも薬にもならない」という日本語の表現が示すように、効果のある薬やさまざまな医療行為にはよい作用と悪い作用があると認識すべきだ。

132 For example, if you take anticoagulant, a drug that prevents coagulation of blood, to avoid cerebral infarction, the danger of cerebral hemorrhage increases by contrast.

たとえば、脳梗塞を予防するために、血液の凝固を防ぐ薬、抗凝固剤を服用すると、逆に脳出血の危険性は増える。

133 Doctors judge the merits and demerits and decide on the use of appropriate medicine.

医師はメリットとデメリットを判断し、適切な薬の使用を決める。

134 We call it "a spoon technique," meaning to make something just right.

私たち(日本人)は、それをちょうどよくするという意味の「匙加減」と呼ぶ。

135 Not only medicines, but also all medical procedures, have the same characteristics.

薬だけでなく、医療行為はすべて同じ特徴をもつ。

136 Patients must consider if they should have a CT examination, but they will suffer from a disadvantage if they do not undergo a necessary CT examination.

患者はCT検査を受けるべきかどうかよく考えなければならないが、必要なCT検査まで受けなければ不利益をこうむることになる。

137 Such examinations as an ultrasound test on suspicion of liver cancer, and a CT examination to check for recurrent colorectal cancer one year after the operation, are examples of essential examinations.

肝臓がんの疑いで超音波検査をする、手術の1年後に大腸がんの再発をチェックするためにCT検査をする、などは欠かせない検査の例だ。

138 If we avoid necessary examinations too much, we ourselves will suffer from the demerits.

必要な検査まで過度に避けると、当人がデメリットをこうむることになる。

《和訳を読む》 ★英訳しながら読んでみましょう

あらゆる医療行為は、身体に悪い作用を及ぼすかもしれないというリスクがある。極端な言い方のように聞こえるが、「毒にも薬にもならない」という日本語の表現が示すように、効果のある薬やさまざまな医療行為にはよい作用と悪い作用があると認識すべきだ。

たとえば、脳梗塞を予防するために、血液の凝固を防ぐ薬、抗凝固剤を服用すると、逆に脳出血の危険性は増える。医師はメリットとデメリットを判断し、適切な薬の使用を決める。それは、ちょうどよくするという意味の「匙加減」と呼ばれる。薬だけでなく、医療行為はすべて同じ特徴をもつ。患者はCT検査を受けるべきかどうかよく考えなければならないが、必要なCT検査まで受けなければ不利益をこうむることになる。

肝臓がんの疑いで超音波検査をする、手術の1年後に大腸がんの再発をチェックするためにCT検査をする、などは欠かせない検査の例だ。必要な検査まで過度に避けると、当人にとってデメリットが生じることになる。

●放射線関連および重要表現

抗凝固剤	*anticoagulant*
脳梗塞	*cerebral infarction*
脳出血	*cerebral hemorrhage*
CT検査	*CT examination*
超音波検査	*ultrasound test*

Fallout in Fukushima Prefecture
福島県の定時降下物

*Falloutは正確には「放射性降下物」であるが、文脈によって「定時降下物」と訳している部分もあります。

☞ 英文読解のヒント

震災当時、falloutという耳慣れない英単語が知られるようになりました。

fallout、いわゆる定時降下物は、一定の期間中に地表面に降下した放射性物質の量を示す言葉です。毎日発表される定時降下物の測定値を多くの人が注目していました。

2012年の1月、福島県が発表する定時降下物の測定値が上昇を示したことで、小規模な再漏出があったのではないか?と住民は大きな不安を覚えました。

福島県は、定時降下物の上昇の原因を、「空気が乾燥してセシウムを含む粉塵が舞いやすくなり、加えてやや強い風が吹いたので定時降下物の測定容器に入り込んだのだろう」と説明していました。

奥埜は、ヨード-131の定時降下物データの上昇が見られず、新たな放射性物質漏洩の可能性は低いと考えていました。

これをきっかけに、定時降下物の情報を冷静に受けとめる知識を、奥埜は伝えていくことになります。この文章はその最初の説明を抜粋したものです。

《英文を読む》

It is evident that there was more **fallout** than in the previous data. Especially, the 24 hours' data between 9am January 2nd and 9am January 3rd showed 432MBq/km^2 (total of cesium-134 and cesium-137). I can think of some possible reasons for this value. They include: a small recent **leakage**, air temperature change, and the effects of snow.

For now, neither the accuracy of the value nor reasons for it are certain. I would like to continue to pay attention to the announcements for a while, but considering that most of the fallout measurements in and outside of Fukushima Prefecture used to be one digit larger immediately after the accident of the Fukushima nuclear power plant last spring than today, we need to observe the situation in a calm fashion and judge what is happening.

●放射線関連および重要表現

fallout	放射性降下物 ※「定時降下物」と訳される場合もあります。
leakage	漏出

《和文対訳トレーニング》 ★1文1分間を目安に

139 It is evident that there was more fallout than in the previous data.

以前のデータより放射性降下物が多かったのは明らかだ。

140 Especially, the 24 hours' data between 9 am January 2nd and 9 am January 3rd showed 432MBq/km² (total of cesium-134 and cesium-137).

特に、1月2日午前9時から1月3日午前9時までの24時間のデータは432MBq/km²だった(セシウム-134とセシウム-137の合計)。

141 I can think of some possible reasons for this value.

この値の理由としていくつかの可能性が考えられる。

142 They include: a small recent leakage, air temperature change, and the effects of snow.

たとえば、最近の小規模な漏出、気温変化、雪の影響などが挙げられる。

143 For now, neither the accuracy of the value nor reasons for it are certain.

今のところ、測定値の正確さも理由もはっきり分からない。

144 I would like to continue to pay attention to the announcements for a while, but considering that most of the fallout measurements in and outside of Fukushima Prefecture used to be one digit larger immediately after the accident of the Fukushima nuclear power plant last spring than today, we need to observe the situation in a calm fashion and judge what is happening.

当面は発表に注意していきたいが、福島県内外の放射性降下物の測定値のほとんどが、昨春の福島原発の事故直後は現在より1桁数字が大きかったことを考慮すると、状況を冷静に見守り、何が起きているか判断する必要がある。

《和訳を読む》 ★英訳しながら読んでみましょう

以前のデータより**放射性降下物**が多かったのは明らかだ。特に、1月2日午前9時から1月3日午前9時までの24時間のデータは432MBq/km^{2}だった（セシウム-134とセシウム-137の合計）。この値の理由としていくつかの可能性が考えられる。たとえば、最近の小規模な**漏出**、気温変化、雪の影響などが挙げられる。

今のところ、測定値の正確さも理由もはっきり分からない。当面は発表に注意していきたいが、福島県内外の放射性降下物の測定値のほとんどが、昨春の福島原発の事故直後は現在より1桁数字が大きかったことを考慮すると、状況を冷静に見守り、何が起きているか判断する必要がある。

●放射線関連および重要表現

放射性降下物	*fallout*
	＊「定時降下物」と訳される場合もあります。
漏出	*leakage*

The wall of an apartment in Nihonmatsu
二本松のマンションの壁

☞ 英文読解のヒント

　2012年1月、二本松市の新築マンションの壁の放射線問題が報道されました。壁の材料に使われた砕石に含まれていた放射性物質が原因で被ばくしたのです。そのマンションに住む女の子のフィルムバッジから1.62mSv/3ヵ月という比較的高い値が検出されたことがきっかけで判明し、全国を驚かせたニュースでした。

　しかし、実は専門家の間では、建材による被ばく事例があることは震災前から知られていたことでした。

　奥埜は、食品以外のものに関しても、利用には十分に想像力を働かせ、細心の注意を払うことが必要だと提言しています。原発事故という我々にとって経験したことのない事態の中で起こることがらについては、盤石の態勢が望まれるのだと……。

　この文章は、このニュースの前例である台湾での事例を紹介したものです。

《英文を読む》

A similar situation has happened before.
From 1982 to 1984 in Taiwan, about 2,000 buildings were constructed with reinforcing bars that contained radiation. As a result, people lived in the buildings for a long period, and more than 10 thousand people **were exposed to radiation**.
This accident was extensively reported by the media, and a detailed **follow-up survey**[*1] was conducted by National Yang Ming University in Taiwan. According to the results, 117 out of 6,242 people who were inv estigated from 1983 to 2005 got cancer. The increase in the occurrence

of **leukemia** and **breast cancer** because of the radiation reached **statistical significance**. On the contrary, there was no evidence that **thyroid cancer** increased. **Epidemiologic investigations** are difficult to conduct and the statistical interpretation of their results is also difficult, so we cannot accept these results just as they are. Of course, not all the causes of cancer have been completely understood.

Nevertheless, these cases were known even before the disaster. We should be thoroughly prepared for things that may happen because of **the nuclear accident**, things we have never experienced before. Not only for food, but also for everything else, we must use our imagination, and we must pay careful attention to such things. I believe that proper preparation will prevent overemphasis of danger in society.

*1: Radiation Research 170(2):143-148. 2008

●放射線関連および重要表現

be exposed to radiation	放射線に被ばくする
follow-up survey	追跡調査
leukemia	白血病
breast cancer	乳がん
statistical significance	統計学的有意
thyroid cancer	甲状腺がん
epidemiologic investigations	疫学的調査
the nuclear accident	原発事故

《和文対訳トレーニング》 ★1文1分間を目安に

145　A similar situation has happened before.

似たような事態は前にも起きたことがある。

146　From 1982 to 1984 in Taiwan, about 2,000 buildings were constructed with reinforcing bars that contained radiation.

1982〜1984年に台湾で2,000棟ほどの建物が放射線を含む鉄筋で建設されたのだ。

147　As a result, people lived in the buildings for a long period, and more than 10 thousand people were exposed to radiation.

その結果、それらの建物に長期にわたって人が住み、1万人以上が放射線に被ばくした。

148　This accident was extensively reported by the media, and a detailed follow-up survey was conducted by National Yang Ming University in Taiwan.

この出来事はメディアによって大々的に報道され、詳細な追跡調査が台湾の国立陽明大学によって行われた。

149　According to the results, 117 out of 6,242 people who were investigated from 1983 to 2005 got cancer.

調査結果によれば、1983〜2005年まで調査した6,242人のうち117人が、がんになった。

150 The increase in the occurrence of leukemia and breast cancer because of the radiation reached statistical significance.

放射線に起因する白血病と乳がんの発症の増加は、統計学的有意に達した。

151 On the contrary, there was no evidence that thyroid cancer increased.

これに反して、甲状腺がんが増加したという証拠はなかった。

152 Epidemiologic investigations are difficult to conduct and the statistical interpretation of their results is also difficult, so we cannot accept these results just as they are.

疫学的調査は実施するのが難しく、結果の統計学的な解釈も難しいものだから、この調査結果をそのまま受け入れることはできない。

153 Of course, not all the causes of cancer have been completely understood.

もちろん、すべてのがんの原因が完全に解明されているわけではない。

154 Nevertheless, these cases were known even before the disaster.

それでも、こうした事例は震災前から知られていた。

155 We should be thoroughly prepared for things that may happen because of the nuclear accident, things we have never experienced before.

原発事故が原因で起こるかもしれない物事、つまりこれまで経験したことのない物事には万全に備えるべきだ。

156 Not only for food, but also for everything else, we must use our imagination, and we must pay careful attention to such things.

食品だけでなく、ほかのすべてのことに対しても、想像力を働かせなければならないし、細心の注意を払わなければならない。

157 I believe that proper preparation will prevent overemphasis of danger in society.

適切な準備が社会における危険性の過剰な強調を防ぐと信じている。

《和訳を読む》　★英訳しながら読んでみましょう

似たような事態は前にも起きたことがある。
1982〜1984年に台湾で2,000棟ほどの建物が放射線を含む鉄筋で建設されたのだ。その結果、それらの建物に長期にわたって人が住み、1万人以上が放射線に被ばくした。
この出来事はメディアによって大々的に報道され、詳細な追跡調査が台湾の国立陽明大学によって行われた。調査結果によれば、1983〜2005年まで調査した6,242人のうち117人が、がんになった。放射線に起因する白血病と乳がんの発症は統計学的有意に増加した。これに反して、甲状腺がんが増加したという証拠はなかった。疫学的調査は実施するのが難しく、結果の統計学的な解釈も難しいものだから、この調査結果を鵜呑みにすることはできない。もちろん、すべてのがんの原因が完全に解明されているわけではない。
それでも、こうした事例は震災前から知られていた。原発事故が原因で起こるかもしれない物事、つまりこれまで経験したことのない物事には万全に備えるべきだ。食品だけでなく、ほかのすべてのことに対しても、想像力を働かせなければならないし、細心の注意を払わなければならない。適切な準備があれば、社会で危険性が過剰に強調されることもなくなると信じている。

●放射線関連および重要表現

放射線に被ばくする	*be exposed to radiation*
追跡調査	*follow-up survey*
白血病	*leukemia*
乳がん	*breast cancer*
統計学的有意	*statistical significance*
甲状腺がん	*thyroid cancer*
疫学的調査	*epidemiologic investigations*
原発事故	*the nuclear accident*

Let's measure it at least once
1回は測ってみよう

☞ 英文読解のヒント

　あるセミナーの帰り道、奥埜は福島駅近くの薬局で線量計「エアカウンター」が販売されているのを見かけました。エステー株式会社が2011年10月に定価15,750円で売り出したもので、2016年現在では、3,000円前後でネットの通販サイトなどで販売されています。

　空間の放射線量率は新聞やテレビでも発表されていますし、個人で測らなくても大まかな値は分かります。しかし、奥埜はやはり一度は測ってみることの重要性を伝えています。

　この文章はその理由を述べたものです。

《英文を読む》

This is irrelevant to radiation levels, but **the home blood pressure meter** has spread because actual measurement is the best thing to do. Inferring from your age and weight that your blood pressure is 120/80mmHg, for instance, is very different from actually measuring your blood pressure and knowing that it is 130/85mmHg, which is more useful for considering your health. A home blood pressure reading is not as good as the special equipment at hospitals, but still it is worth doing.

Measuring actual **radiation dose** has the same effect as measuring your blood pressure at home. You can borrow the equipment from your prefecture or buy it at a store for a reasonable price. I recommend measuring it at least once if you are worried about **the radiation level around you**. You can understand your situation better by doing so.

●放射線関連および重要表現

the home blood pressure meter	家庭用血圧計
radiation dose	放射線量
the radiation level around you	身の回りの放射線量

《和文対訳トレーニング》 ★1文1分間を目安に

158 This is irrelevant to radiation levels, but the home blood pressure meter has spread because actual measurement is the best thing to do.

これは放射線量とは別の話だが、家庭用血圧計が普及したのは実測に勝るものはないからだ。

159 Inferring from your age and weight that your blood pressure is 120/80mmHg, for instance, is very different from actually measuring your blood pressure and knowing that it is 130/85mmHg, which is more useful for considering your health.

たとえば、年齢と体重から血圧が120/80mmHgだと推測するのと、実際に血圧を測ってみて、130/85mmHgだと知るのとではかなり違いがあり、健康を考えるためには後者のほうが役に立つ。

160 A home blood pressure reading is not as good as the special equipment at hospitals, but still it is worth doing.

家庭用血圧計の測定値は病院の専門機器ほど正しくないが、それでも測る意義はある。

161 Measuring actual radiation dose has the same effect as measuring your blood pressure at home.

実際の放射線量を測ることには家庭で血圧を測るのと同じ効果がある。

162 You can borrow the equipment from your prefecture or buy it at a store for a reasonable price.

県から線量計を借りることもできるし、店で手頃な価格のものを買うこともできる。

163 I recommend measuring it at least once if you are worried about the radiation level around you.

身の回りの放射線量が心配なら、1回は測ってみることをお勧めする。

164 You can understand your situation better by doing so.

そうすれば自分の状況をもっと理解できる。

《和訳を読む》 ★英訳しながら読んでみましょう

これは放射線量とは別の話だが、**家庭用血圧計**が普及したのは実測に勝るものはないからだ。たとえば、年齢と体重から血圧が120/80mmHgだと推測するのと、実際に血圧を測ってみて、130/85mmHgだと知るのとではかなり違いがあり、健康を考えるためには後者のほうが役に立つ。家庭用血圧計の測定値は病院の専門機器ほど正しくないが、それでも測る意義はある。

実際の**放射線量**を測ることには家庭で血圧を測るのと同じ効果がある。県から線量計を借りることもできるし、店で手頃な価格のものを買うこともできる。**身の回りの放射線量**が心配なら、1回は測ってみることをお勧めする。そうすれば自分の状況をもっと理解できる。

●放射線関連および重要表現

家庭用血圧計	*the home blood pressure meter*
放射線量	*radiation dose*
身の回りの放射線量	*the radiation level around you*

Measurement of radiation exposure by glass badges (film badges)
ガラスバッジ（フィルムバッジ）による放射線被ばく量の測定

☞ 英文読解のヒント

　ガラスバッジ（フィルムバッジ）は個人の外部被ばく線量を測定するためにつける個人線量計のことです。2011年7月ごろから、福島県の各地で、除染活動の広がりとともに、ガラスバッジあるいはフィルムバッジを利用して、主に学校に通う子どもたちが受ける外部被ばく線量の測定が行われました。

　2011年11月2日の福島民友の記事によれば、福島市が2011年9月の1ヵ月に中学生以下の子どもたちと妊婦さんを対象に測定した結果を示すと、【36,478人の測定済みバッジを回収し、その64.4％が0.1mSv/月（この代表値は四捨五入されているので、0.05mSv以上 0.15mSv未満のものが含まれます）、正しく測定された中では、最高値は小学生のバッジの1.7mSv/月】という結果でした。

　当時、この実測値と空間線量率からの計算値が大きく乖離する例があり、議論が起こりました。

　奥垳はこの文章の中で、その議論を受けとめつつ、科学的な意味とあわせてガラスバッジ（フィルムバッジ）の心理的な効用について意見を述べています。

《英文を読む》

Air dose rate in those days in Fukushima was approximately 1.0μSv/hour. Simple multiplication produces 0.72mSv/month (1.0×24×30=720μSv/month). Therefore, the difference between 0.72mSv/month and 0.1mSv/month turned out to be 7 times. My research volunteers, about 20 people mainly living in Aizu, showed the same tendency with the above results.

A s you can see from these results, a **measured value** and a computed value with air dose rate differ considerably. How different they are depends on the place where the person lives and a daily life pattern, for example, how long they stay outside and what they do in a day.

People who have worn a badge or whose children have worn it even once may easily understand that we can calm down if we wear it and know the measured value. Thus, I think **the measurement with a badge** is worthy. If more people knew the relation between activity patterns and a measured value, the significance of the measurement with a badge would be recognized more.

I am waiting for the various reports made available to us all.

●放射線関連および重要表現

air dose rate	空間線量率
measured value	実測値
the measurement with a badge	バッジを用いた測定

《和文対訳トレーニング》 ★1文1分間を目安に

165 Air dose rate in those days in Fukushima was approximately 1.0μSv/hour.

当時の福島市の空間線量率は、およそ1.0μSv/時だった。

166 Simple multiplication produces 0.72mSv/month (1.0×24×30=720μSv/month).

単純に掛け算すると、0.72mSv/月になる(1.0×24×30=720μSv/月)。

167 Therefore, the difference between 0.72mSv/month and 0.1mSv/month turned out to be 7 times.

したがって、0.72mSv/月と0.1mSv/月の差は7倍だと判明した。

168 My research volunteers, about 20 people mainly living in Aizu, showed the same tendency with the above results.

私の調査ボランティアの人たち(主に会津在住の20人ほど)も上記の結果と同じ傾向を示した。

169 As you can see from these results, a measured value and a computed value with air dose rate differ considerably.

これらの結果から分かるように、実測値と空間線量率からの計算値はかなり違う。

170 How different they are depends on the place where the person lives and a daily life pattern, for example, how long they stay outside and what they do in a day.

どのくらい違うかは、その人（バッジをつけている人）の住んでいる場所、日常生活のパターン、たとえば、どれくらいの時間屋外にいて、1日何をしているか、による。

171 People who have worn a badge or whose children have worn it even once may easily understand that we can calm down if we wear it and know the measured value.

一度でもバッジをつけたことのある人、あるいは自分の子どもがつけたことのある人は、バッジをつけて測定値を知れば冷静になれることを理解しやすいのではないだろうか。

172 Thus, I think the measurement with a badge is worthy.

そういうわけで、バッジを用いた測定には意義があると思う。

173 If more people knew the relation between activity patterns and a measured value, the significance of the measurement with a badge would be recognized more.

より多くの人が行動パターンと測定値の関係を知ったなら、バッジを用いた測定の重要性がもっと認識されるのだが。

174 I am waiting for the various reports made available to us all.

私たちみんなにとって参考になるさまざまな報告を待っている。

《和訳を読む》 ★英訳しながら読んでみましょう

当時の福島市の**空間線量率**は、およそ1.0μSv/時だった。単純に掛け算すると、0.72mSv/月になる（1.0×24×30＝720μSv/月）。したがって、0.72mSv/月と0.1mSv/月の差は7倍だと判明した。私の調査ボランティアの人たち（主に会津在住の20人ほど）も上記の結果と同じ傾向を示した。

これらの結果から分かるように、**実測値**と空間線量率からの計算値はかなり違う。どのくらい違うかは、その人（バッジをつけている人）の住んでいる場所、日常生活のパターン、たとえば、どれくらいの時間屋外にいて、1日何をしているか、による。

一度でもバッジをつけたことのある人、あるいは自分の子どもがつけたことのある人は、バッジをつけて測定値を知れば冷静になれることを理解しやすいのではないだろうか。そういうわけで、**バッジを用いた測定**には意義があると思う。行動パターンと測定値の関係を知る人が増えたなら、バッジを用いた測定の重要性がもっと認識されるのだが。

私たちみんなにとって参考になるさまざまな報告を待っている。

●放射線関連および重要表現

空間線量率	*air dose rate*
実測値	*measured value*
バッジを用いた測定	*the measurement with a badge*

Decontamination
除染

☞ 英文読解のヒント

　2016年、自治体が目標とする数値（多くの場合1.0μSv/時）に関して、ある政治家の発言が話題になりました。

　除染の道筋が比較的明らかになったのは、放射性物質汚染対処特別措置法が施行された2012年1月1日以降のこと。

　震災1年目、奥埜は県内の人々と共に、なかなかうまくいかない福島県内の除染をもどかしく見つめていました。放射性物質汚染対処特別措置法で決められている方法に沿った除染では、自治体が目標とする数値（多くの場合1.0μSv/時）を下回らないケースも出てきていたのです。この文章はその悩ましい問題の1つ、アスファルトの除染について触れた文章です。

《英文を読む》

Decontamination in Fukushima is not progressing smoothly, which makes me feel frustrated. **The Act on Special Measures concerning Handling of Radioactive Pollution** came into effect on January 1, 2012, and the roadmap for decontamination has become relatively clear[*1]. If we follow the guidelines defined in this regulation, however, there will be some cases where **the decontamination work** will not achieve **the air dose rate** of lower than 1.0μSv/hour, the level that most local governments are targeting.

One of the possible problems is that radioactive substances sticking to asphalt cannot be removed easily by **high-pressure washing**. The best solution is to replace the asphalt, but that is tremendously expensive. Currently, Shot Blast, a method of scraping the surface of asphalt to a depth of 1mm by releasing hard particles against the asphalt, is

being carried out. I hear this method is effective.
However, even this method costs several times more than the allocated budget.
I am afraid such a dilemma is difficult to solve. I would like to **watch the progress** carefully.

*1: Refer to the web page of the Ministry of the Environment regarding the Act on Special Measures concerning Handling of R adioactive Pollution. http://www.env.go.jp/jishin/rmp.html (link confirmed on 2016/4/1)

●放射線関連および重要表現

decontamination	除染
the Act on Special Measures concerning Handling of Radioactive Pollution	放射性物質汚染対処特別措置法
the decontamination work	除染作業
the air dose rate	空間線量率
high-pressure washing	高圧洗浄
watch the progress	経過を見守る

《和文対訳トレーニング》 ★1文1分間を目安に

175 Decontamination in Fukushima is not progressing smoothly, which makes me feel frustrated.

福島の除染がうまく進んでいないことに歯がゆい思いをしている。

176 The Act on Special Measures concerning Handling of Radioactive Pollution came into effect on January 1, 2012, and the roadmap for decontamination has become relatively clear.

放射性物質汚染対処特別措置法が2012年1月1日に施行され、除染の行程が比較的明らかになった。

177 If we follow the guidelines defined in this regulation, however, there will be some cases where the decontamination work will not achieve the air dose rate of lower than 1.0μSv/hour, the level that most local governments are targeting.

しかし、同法で定められた指針に従うと、除染作業が1.0μSv/時、つまり、ほとんどの地方自治体が目標にしているレベルより低い空間線量率を達成しないケースも出てくることになる。

178 One of the possible problems is that radioactive substances sticking to asphalt cannot be removed easily by high-pressure washing.

可能性のある問題の1つは、アスファルトにこびりついている放射性物質が高圧洗浄ではそう簡単に取り除けないことだ。

179 The best solution is to replace the asphalt, but that is tremendously expensive.

最良の解決策はアスファルトを張り替えることだが、それは莫大な費用がかかる。

180 Currently, Shot Blast, a method of scraping the surface of asphalt to a depth of 1mm by releasing hard particles against the asphalt, is being carried out.

現在は、硬い粒子をアスファルトに吹き付けてアスファルト表面を1mm削るショットブラストという方法が行われている。

181 I hear this method is effective.

この方法は効果があると聞く。

182 However, even this method costs several times more than the allocated budget.

しかし、この方法でさえ割り当てられた予算の数倍も費用がかかる。

183 I am afraid such a dilemma is difficult to solve.

そういうジレンマは解消するのが難しいのではないだろうか。

184 I would like to watch the progress carefully.

気をつけて経過を見守りたい。

《和訳を読む》 ★英訳しながら読んでみましょう

福島の除染がうまく進んでいないことに歯がゆい思いをしている。放射性物質汚染対処特別措置法が2012年1月1日に施行され、除染の行程が比較的明らかになった*1。しかし、同法で定められた指針に従うと、除染作業をしても空間線量率が1.0μSv/時、つまり、ほとんどの地方自治体が目標にしているレベルより低くならないケースも出てくることになる。

可能性のある問題の1つは、アスファルトにこびりついている放射性物質が高圧洗浄ではそう簡単に取り除けないことだ。最良の解決策はアスファルトを張り替えることだが、それは莫大な費用がかかる。現在は、硬い粒子をアスファルトに吹き付けてアスファルト表面を1mm削るショットブラストという方法が行われている。この方法は効果があると聞く。

しかし、この方法でさえ割り当てられた予算の数倍も費用がかかる。

そういうジレンマは解消するのが難しいのではないだろうか。気をつけて経過を見守りたい。

*1: 放射性物質汚染対処特別措置法については環境省ウェブページを参照してください。
http://www.env.go.jp/jishin/rmp.html （2016年4月1日 リンク確認）

● 放射線関連および重要表現

除染	decontamination
放射性物質汚染対処特別措置法	the Act on Special Measures concerning Handling of Radioactive Pollution
除染作業	the decontamination work
空間線量率	the air dose rate
高圧洗浄	high-pressure washing
経過を見守る	watch the progress

Decontamination 2
除染 2

☞ 英文読解のヒント

　震災から1年、福島県、そして東日本の広い地域で除染が行われていました。
　除染は極めて厄介な問題です。
　住民たちが完全な汚染除去を望むのは当然ですが、科学的に完全除去は不可能です。しかも、汚染されたものを移動することしかできず、そこから除染廃棄物受け入れの問題が生じます。
　この文章の執筆時、奥埜は具体的な除染事例について除染効果の妥当性を検討する必要を感じていました。除染も、そして、その他の放射性物質対策も、その費用をもとに他にできる可能性のあるさまざまなお金の使い方との比較において、長短を十分吟味されていないと思われたからです。
　震災1年目当時、住民が危険神話に怯える中、施策進行を巡る議論は、緊急性の有無や経済性などを度外視して進みました。除染を求める住民たちの気持ち、除染作業に携わる人々の安全性は混沌とした闇の中にありました。
　現在も、その混迷は継続しています。

《英文を読む》

The issue of **decontamination** is extremely difficult. I do not change my standpoint, and I continue insisting that the decontamination be performed as thoroughly as the residents wish. I also state this in my public lectures. At the same time, the current strategies taken for decontamination are in disarray: the above mentioned "**danger myth**," regional differences in the degree of the emergency and/or in the progress of measures, and discussion without any economic input, all contribute to this confusion.

The considerably early investigation in Hiwada-machi, Koriyama, Fukushima, conducted by Hiroshima University, revealed that 82% of **radioactive cesium** contained in soil was removed by taking off 2.5cm of surface soil, while 97% was removed with 5cm of soil. The decontamination right after the disaster is somewhat different from that of today. The first decontamination effort brings about an enormous effect, while the second only brings about less effect in spite of spending the same amount of money and labor, which is often the case with decontamination.

Recently, in Fukushima Prefecture, and also everywhere in eastern Japan, energetic efforts in decontamination are made. These efforts include valid ones which should be carried out above all else, as well as efforts based on the "danger myth," lacking supporting **scientific evidence**.

●放射線関連および重要表現

decontamination	除染
danger myth	危険神話
radioactive cesium	放射性セシウム
scientific evidence	科学的根拠

《和文対訳トレーニング》 ★1文1分間を目安に

185 The issue of decontamination is extremely difficult.

除染の問題はきわめて厄介だ。

186 I do not change my standpoint, and I continue insisting that the decontamination be performed as thoroughly as the residents wish.

私は自分の立場を変えずに、住民が望むだけ徹底して行われるべきだと主張し続けている。

187 I also state this in my public lectures.

講演会でもそう話している。

188 At the same time, the current strategies taken for decontamination are in disarray: the above mentioned "danger myth," regional differences in the degree of the emergency and/or in the progress of measures, and discussion without any economic input, all contribute to this confusion.

同時に、現在の除染の方策は混乱している。前述した「危険神話」、緊急度や対策の進み具合の地域差、経済の投入量を抜きにした議論、すべてこの混乱の一因だ。

189 The considerably early investigation in Hiwada-machi, Koriyama, Fukushima, conducted by Hiroshima University, revealed that 82% of radioactive cesium contained in soil was removed by taking off 2.5cm of surface soil, while 97% was removed with 5cm of soil.

かなり早い時期に広島大学によって福島県郡山市日和田町で行われた調査では、2.5cmの表土を削ると土に含まれる放射性セシウムの82%が除去され、5cm削ると97％除去されることが分かった。

190 The decontamination right after the disaster is somewhat different from that of today.

震災直後の除染は現在の除染とはやや異なる。

191 The first decontamination effort brings about an enormous effect, while the second only brings about less effect in spite of spending the same amount of money and labor, which is often the case with decontamination.

最初の除染活動では大きな効果が出るが、2度目の除染では同じ費用と労力をかけても効果が落ちる、ということが除染にはありがちだ。

192 Recently, in Fukushima Prefecture, and also everywhere in eastern Japan, energetic efforts in decontamination are made.

最近、福島県、そして東日本の至るところで、精力的な除染活動が行われている。

193 These efforts include valid ones which should be carried out above all else, as well as efforts based on the "danger myth," lacking supporting scientific evidence.

そのなかには最優先で行うべき妥当なものもあれば、裏づけとなる科学的根拠に乏しい「危険神話」に基づいたものもある。

《和訳を読む》 ★英訳しながら読んでみましょう

除染の問題はきわめて厄介だ。私は自分の立場を変えずに、除染は住民がこれでよしとするところまでやるべきだと主張し続けている。講演会でもそう話している。同時に、現在の除染の方策は混乱している。前述した「**危険神話**」、緊急度や対策の進み具合の地域差、経済を抜きにした議論、すべてこの混乱の一因だ。

かなり早い時期に広島大学が福島県郡山市日和田町で行った調査では、2.5cmの表土を削ると土に含まれる**放射性セシウム**の82%が除去され、5cm削ると97%除去されることが分かった。震災直後の除染は現在の除染とはやや異なる。最初の除染活動では大きな効果が出るが、2度目の除染では同じ費用と労力をかけても効果が落ちる、ということが除染にはありがちだ。

最近、福島県、そして東日本の至るところで、精力的な除染活動が行われている。そのなかには最優先で行うべき妥当なものもあれば、裏づけとなる**科学的根拠**に乏しい「危険神話」に基づいたものもある。

● 放射線関連および重要表現

除染	*decontamination*
危険神話	*danger myth*
放射性セシウム	*radioactive cesium*
科学的根拠	*scientific evidence*

Obligation to the next generation
次世代への責務

☞ 英文読解のヒント

豪雪で遅れた磐越西線で、奥埜は一冊の本を読んでいました。
加藤尚武(1937-)の現代倫理学入門(1977年刊講談社学術文庫)です。
その中で書かれた、現世代が次世代に責任を負うか、という命題について、奥埜はあれこれと思いを巡らせていました。
倫理学では古くから言われている大きなテーマがあります。
社会的な契約は通常、同世代に対して行うものであり、世代を超えて責任が生じるような契約があるわけではありません。しかし、どうして、人は後の世代によい環境を残そうとするのでしょうか？
この文章は、自分の子孫はともかく、直接につながりのない次世代の人間に対する義務があるかどうか？について原発の事故を前にして、奥埜が考えたことです。

1

《英文を読む》

Now that **the nuclear accident** has made it difficult to keep and pass on the environment handed down from an earlier generation to the next without damage, I am forced to think about it.

In his book, Kato observes that if there are **universal criteria for judgment** among different generations, then inheritance between generations has a meaning and becomes possible. As examples of the universal criteria that are not likely to change, he uses "the length of human life," which, by the way, changed to a large extent over the last two centuries, and "the danger of **radioactive substances**." I was surprised at its relevance to the current situation.

Hisatake Kato introduces an American environmentalist,

Frechette (1944-), who points out that the sense of responsibility to the next generation is close to Japanese "恩(on)". Namely, the Japanese feel obliged to their ancestors to preserve a clean country for their next generation more strongly than other races.

I think that this corresponds to how Japanese people have been feeling recently.

●放射線関連および重要表現

the nuclear accident	原発事故
universal criteria for judgment	普遍的な判断基準
radioactive substances	放射性物質

《和文対訳トレーニング》 ★1文1分間を目安に

194 Now that the nuclear accident has made it difficult to keep and pass on the environment handed down from an earlier generation to the next without damage, I am forced to think about it.

今や原発事故のせいで前世代から受け継いだ環境を壊さずに維持し、次世代へ引き渡すことは難しくなってしまったのだから、私はそのことを考えざるをえない。

195 In his book, Kato observes that if there are universal criteria for judgment among different generations, then inheritance between generations has a meaning and becomes possible.

加藤尚武は、その著書で世代を越えて普遍的な判断基準があるからこそ、世代間の継承に意味があり、それが可能になると述べている。

196 As examples of the universal criteria that are not likely to change, he uses "the length of human life," which, by the way, changed to a large extent over the last two centuries, and "the danger of radioactive substances."

変わりそうにない普遍的な基準の例として、加藤は「人間の人生の長さ」と「放射性物質の危険度」を挙げている（ちなみに、前者はここ2世紀で大幅に変わったが）。

197 I was surprised at its relevance to the current situation.

現在の状況との関連性に驚いた。

198 Hisatake Kato introduces an American environmentalist, Frechette (1944-), who points out that the sense of responsibility to the next generation is close to Japanese "恩 (on)".

加藤は、次世代に対する責任感は日本人の「恩」に近いと指摘する米国の環境学者、フレシェット（1944〜）を紹介している。

199 Namely, the Japanese feel obliged to their ancestors to preserve a clean country for their next generation more strongly than other races.

つまり、日本人は次世代に美しい国を残さなければ先祖に顔向けできないという気持ちが他民族より強いのだ。

200 I think that this corresponds to how Japanese people have been feeling recently.

これは近頃の日本人の感覚／感じ方に一致していると思う。

《和訳を読む》 ★英訳しながら読んでみましょう

今や原発事故のせいで前世代から受け継いだ環境を壊さずに維持し、次世代へ引き渡すことは難しくなってしまったのだから、私はそのことを考えざるをえない。
加藤尚武は、その著書で世代を越えて普遍的な判断基準があるからこそ、世代間の継承に意味があり、それが可能になると述べている。変わりそうにない普遍的な基準の例として、加藤は「人間の人生の長さ」と「放射性物質の危険度」を挙げている（ちなみに、前者はここ2世紀で大幅に変わったが）。現在の状況との関連性に驚いた。
加藤は、次世代に対する責任感は日本人の「恩」に近いと指摘する米国の環境学者、フレシェット（1944～）を紹介している。つまり、日本人は次世代に美しい国を残さなければ先祖に顔向けできないという気持ちが他民族より強いのだ。
これは近頃の日本人の気持ちの有り様に一致していると思う。

●放射線関連および重要表現

原発事故	*the nuclear accident*
普遍的な判断基準	*universal criteria for judgment*
放射性物質	*radioactive substances*

＜雪の中の放射線＞

　雪国に生まれた人間なら誰でも知っていることがある。
　真冬の夜、布団の中でふと耳を澄ますと外の音がだんだんと消えていくのだ。
　雨戸越しでさえ、外に雪が降り積もりはじめているのを感じることができる。
　静けさが増すほどに明け方に積もる雪は深いのだ。

　僕は2012年の新年を福島で迎えていた。
　雪見障子越しに見る庭は懐かしい雪景色だった。雪はそのまましんしんと降り続いている。
　伯母は大切にしていた本郷焼の鰊鉢と僕が子どもの頃にプレゼントした貝の化石が割れた以外は大した被害はなかったと言って笑った。内地で津波の被害こそなかったけれど、来る途中でいくつも全壊した家を見たし、家の前の大谷石の塀は綺麗さっぱりなくなっていた。鉄筋の入らない石塀は軒並み崩れ落ち、その回収が済んだのもつい先日のことらしい。
　底抜けに明るい伯母の元気の底が少し見えたような笑顔だった。

　伯母のお節料理を食べるのは何年ぶりだろう。何年ぶりかで食べたイカ人参はすこぶる美味しかった。
　TVではアナウンサーが福島県の定時降下物情報を伝えている。
　2012年1月2日、セシウム-134とセシウム-137の合計で432MBq/km²。福島の新年は突出して高くなっていた定時降下物に不意をつかれ、不安な幕開けとなっていた。今日1月3日の9時からの24時間でまたそれぞれ100MBq/km²を超えたという。

「トシ、この降ってくるやつだけど、どうして急にこんなに高くなったの?」
　伯母はまた原発が爆発したのじゃないかと心配なのだ。
「はっきりした理由は分からないよ。風とか雪とか、いろんな天然現象の関与も考えられるから」
「そう……」
「どんどん上昇してくるわけじゃないし、また爆発したとかじゃないとは思う。そんなに心配しないでもいいかもしれない。まぁ、しっかり見ておかないといけないけどね」
　ヨードが出てないから再爆発はしていないだろう。ボスの台詞じゃないが科学的な推論の上……だ。
「そう。そんなに心配しなくていいか……」
　伯母はイカ人参を口に運んだ。しばらくポリポリと人参を咀嚼する音が響く。
「福島にいるとね、あれからずいぶん時間が経ったような気もしちゃうの。でも、まだ、ひと冬も越してないのよね」
「うん」
「いろいろなことに慣れちゃってる気がする。まだ、気を緩めちゃ駄目だよって言われてるのかもね」

　雪はまだしんしんと降り続いていた。
　伯母には言わなかったが、正直、僕は雪の中の放射線が気になっていた。
　福島は阿武隈高地と奥羽山脈に東西を挟まれていて県内のおよそ80%が山地だ。人が住まない山の奥には除染の手は届かず、昨年の春に舞落ちた放射性物質が溜まっている。
　雪は山の高いところや谷の深いところから、忘れかけていた放射性物質を洗い流して連れてきてしまうのだ。
　雪が降り積もる。今年の雪の冷たさは、身体だけではなく精神にまでしみ入る不安の温度だ。
　実際の雪の中に存在する放射性物質の量を測定してみれば、それほどの量ではないだろう。きちんとした方法で測定し、公共

New Year 2012 Fukushima 新しい年、2012年の風景

機関が十分に公開してくれれば、おそらく多くの人の不安は払拭されるはずだ。
　ただ、そんな当たり前に思える調査が追いついていなかった。
「で、その教授の居場所は分かったの?」
「いや、まだ行方不明」
　そう言った瞬間、僕のこの言葉が被災地では特別な意味を持つことに気づいた。伯母の出身で、もう二度と会えない友人や、避難して行方が分からない知人がたくさんいる。
「ごめん、ボスとはまだ連絡とれてないだけだよ。大阪にでも戻ってるのかもしれない。お正月だもの」
「そう、それはよかった」

Stop the
Discrimin
Radiation
New Year
Fukushim

Chapter 2
放射線リテラシー
Radiation Literacy

ソフィーです。

原発事故以降、皮肉にも日本国民の放射線に関するリテラシーは飛躍的に高まりました。

しかし、日本以外の国では、防護服を着て原発事故対応する映像が繰り返し流され続けたためか、福島では防護服を着て生活していると思い込んでいる人もいると聞きます。

Literacy 2012

日本国内でも膨大な情報をまとめてぶつけられたため、受けとめ切れなかった人もいるでしょう。どの情報がどんな立場からもたらされたのか、判断する時間も不足していました。

ここで紹介する文章は、安全神話と危険神話に戸惑う人々の放射線リテラシー啓発のために、奥埜が記したものの抜粋です。

目を通してみてください。

Knowing the reason why "we don't know"

なぜ「わからない」のかを知る

☞ 英文読解のヒント

　原発事故が起こった当初、当時の枝野官房長官がこんな言葉を繰り返しました。「(住民の方に)ただちに健康に影響はない」

　あなたはこの言葉にどんな感想を持ったでしょうか？

　当時多くの人の不評も買ったこの枝野氏の言葉ですが、奥埜は別の感想を持っていました。奥埜は『枝野氏はさすが弁護士出身者だけあって嘘はつかないものだ』と感じていたといいます。

　枝野氏の発言を「確定的影響はないが、確率的影響については分からない」と言っていると受け取っていたのです。

　放射線の人体への影響は、「確定的影響」と「確率的影響」に大別されます。

　「確定的影響」とは、大きい線量を比較的短期間のうちに受けたときにもたらされる影響で、受けた人はほぼ必ず症状を呈し、重篤な場合は死に至ります。

　これに対し、「確率的影響」は、「少ない線量」を比較的長期間に受けたときにもたらされる影響を指します。この「少ない線量」を低線量と呼び、その代表的な影響は「がんの発生」です。確率的影響と言われる理由は、放射線を受けたすべての人が影響を受けるのではなく、一定の確率で影響が出るからです。

　低線量被ばくという言葉を、多くの日本人が知っています。

　原発事故以降、さまざまなメディアで低線量被ばくが扱われ、放射線に関する影響が全国的にも盛んに報道されました。その結果、皮肉にも日本国民の放射線に関するリテラシーは世界でも高いレベルにあると言えるのかもしれません。

　「あの時」まで専門家の誰も低線量被ばくが現実社会で起こるなどと想像すらしていなかったのに。

《英文を読む》

There is no single established theory for the effects of **low-dose-level exposure** today. This means that it is very difficult to carry out policies or make documents in regard to standards.

This situation led to the expression "No IMMEDIATE

effect on your health." It also caused **the Ministry of Education, Culture, Sports, Science and Technology (MEXT)** to change **the schoolyard exposure standard** again and again, and **the regulation level for food** remained provisional for a long time until this April (2012). As a result, we **were at a loss**, wondering what was true, whose opinion we should believe, and how we could make a judgment.

However, re-thinking the situation, it may be important for us to know what we do not know, and to what degree we do not know it. We must decide how we judge the information we have and decide how to act by ourselves, recognizing the fact that there is no conclusive or sufficiently-published **scientific evidence**. You do not have to become a radiation specialist. What you should do is to check and compare the information you have obtained with your real situation.

●放射線関連および重要表現

low-dose-level exposure	低線量被ばく
"No IMMEDIATE effect on your health"	「ただちに健康に影響はありません」
the Ministry of Education, Culture, Sports, Science and Technology (MEXT)	文部科学省
the schoolyard exposure standard	校庭の被ばく基準
the regulation level for food	食品の規制値
be at a loss	途方にくれる
scientific evidence	科学的根拠

《和文対訳トレーニング》 ★1文1分間を目安に

201 There is no single established theory for the effects of low-dose-level exposure today.

低線量被ばくの影響には現在のところ唯一の定説というものはない。

202 This means that it is very difficult to carry out policies or make documents in regard to standards.

ということは、施策を遂行したり、基準に関する文書を作成したりするのが大変難しいということだ。

203 This situation led to the expression "No IMMEDIATE effect on your health."

こういう状況があるから「ただちに健康に影響はありません」という表現になった。

204 It also caused the Ministry of Education, Culture, Sports, Science and Technology (MEXT) to change the schoolyard exposure standard again and again, and the regulation level for food remained provisional for a long time until this April (2012).

また文部科学省が校庭の被ばく基準を何度も変更することになったし、食品の規制値も今年4月(2012年)まで長らく暫定値のままだった。

205 As a result, we were at a loss, wondering what was true, whose opinion we should believe, and how we could make a judgment.

結果的に、何が真実なのか、誰の意見を信じればいいのか、どうすれば判断できるのか、と私たちは途方にくれた。

206 However, re-thinking the situation, it may be important for us to know what we do not know, and to what degree we do not know it.

しかし、状況を考え直してみると、何が分からないのか、それをどの程度分からないのか把握することが重要かもしれない。

207 We must decide how we judge the information we have and decide how to act by ourselves, recognizing the fact that there is no conclusive or sufficiently-published scientific evidence.

私たちは、最終的な科学的根拠、十分に公表された科学的根拠はないという事実を認識したうえで、持っている情報をどう判断するか決めなければならないし、どう行動するか自分自身で決めなければならない。

208 You do not have to become a radiation specialist.

放射線の専門家になる必要はない。

209 What you should do is to check and compare the information you have obtained with your real situation.

必要なのは、入手した情報を確認して、自分の現実の状況と照らし合わせることだ。

《和訳を読む》 ★英訳しながら読んでみましょう

低線量被ばくの影響には現在のところ唯一の定説というものはない。ということは、施策を遂行したり、基準文書を作成したりするのが大変難しいということだ。

こういう状況があるから**「ただちに健康に影響はありません」**という表現になった。また**文部科学省**が**校庭の被ばく基準**を何度も変更することになったし、**食品の規制値**も今年4月（2012年）まで長らく暫定値のままだった。結果的に、何が真実なのか、誰の意見を信じればいいのか、どうすれば判断できるのか、と私たちは**途方にくれた**。

しかし、状況を考え直してみると、何がどの程度分からないのか把握することが重要かもしれない。私たちは、最終的な**科学的根拠**、十分に公表された科学的根拠はないという事実を認識したうえで、持っている情報をどう判断するか決めなければならないし、どう行動するか自分自身で決めなければならない。放射線の専門家になる必要はない。必要なのは、入手した情報を確認して、自分の現実の状況と照らし合わせることだ。

● 放射線関連および重要表現

低線量被ばく	*low-dose-level exposure*
「ただちに健康に影響はありません」	*"No IMMEDIATE effect on your health"*
文部科学省	*the Ministry of Education, Culture, Sports, Science and Technology (MEXT)*
校庭の被ばく基準	*the schoolyard exposure standard*
食品の規制値	*the regulation level for food*
途方にくれる	*be at a loss*
科学的根拠	*scientific evidence*

Who decides the rule and criteria？
ルールや基準は誰が決めるのか？

☞ 英文読解のヒント

　当時、低線量被ばくについてのルールや基準の国際的な状況を理解している人がどれだけいたでしょうか？

　奥埜は、まず、主な国際的な組織とその相互関係、日本の法規との関連性を知る必要があると考えました。

　2011年当時、現地の被災者にとって必要性の高い情報ではなかったかもしれません。しかし、日本が経験したことがいずれ世界的に役立つことになる、そんな思いが奥埜の中にありました。こうした客観的な視点を持てるのも、アウトサイダーの強みです。

　この文章の中で奥埜は、放射線の健康への影響や対策を体系化する上で主導的な立場にある国際放射線防護委員会（ICRP、International Commission on Radiological Protection）を紹介しています。

　ICRPが、いつ、どのような目的で設立され、どんな組織なのかを簡単に紹介しておきます。

- 国際放射線学会の活動の一環として1928年に創立
- 英国に非営利団体（NPO）として登録されている民間団体
- IAEAやWHOなど多くの公的機関、各国の学術団体からの助成金を受けて活動が成り立っている
- 設立当初の目的は、放射線作業従事者の放射線防護について検討することだったが、次第に一般公衆の防護を含めて対象とするように変化してきた

　広島と長崎の原爆の影響が次第に明らかになり、放射線被ばくのリスクという概念が示されてきた1950年代に、ICRPは独自に出版物1号文書（publication 1、「ICRPによる勧告」）を刊行しています。

　ICRPはその後対象を拡大し、定期的に基本となる1号文書の改定版を出すとともに、基本勧告以外の周辺文書を公開していきました。

　ここで紹介する文章は、事故後、奥埜が「ICRPによる勧告」の主要な号について紹介したものです。

　ちなみに、丸川環境大臣が「何の根拠もなく民主党政権が決めた1mSvという年間被ばく量」とした「線量限度」は、冒頭で紹介している「ICRPによる勧告」の60号で規定された国際基準です。

《英文を読む》

In the "**Recommendations of the International Commission on Radiological Protection**" (ICRP Publication 60 published in1990), they adopted a new concept "**dose limit**" (e.g., **the limit permitted to general public** is 1mSv per year), thus reformulating the concept of risk. Publication 60 has been referred to widely.

A revision of ICRP Publication 60 came in ICRP Publication 103, published in 2007. This edition proposed the classification of measures for exposure according to elapsed time from a **radiation accident**. The time frames are "planned," "emergency," and "existing exposure" situations.

The emergency exposure situation refers to the situation where **the radiation exposure** is happening right at the moment and **prompt countermeasures** should be taken, as in the case immediately after a nuclear accident. **The existing exposure situation** is the situation where the exposure still continues though a state of emergency has passed. Today, Fukushima Prefecture is considered in this situation. **The planned exposure situation** is the situation where things have returned to normal while "planned exposure" still continues. During the transition between these phases, matters can be dealt with flexibly; each region can be classified into different phases even if **the source of exposure** is the same accident.

Following these classifications, the ICRP published Publication 109 regarding the emergency exposure situation in 2009, and Publication 111 for the existing exposure situation, in order to describe the countermeasures taken in each phase. After **the Fukushima No.1 nuclear power plant accident**, these two recommendations (Publications109 and 111) became accessible to the public for free (contrary to the usual case), and the Japan Radioisotope Association provided the Japanese translation **free of charge**.

Especially, the view on the existing exposure situation provides important implications in considering present-day Fukushima and Japan.

● 放射線関連および重要表現

Recommendations of the International Commission on Radiological Protection	国際放射線防護委員会の勧告
dose limit	線量限度
the limit permitted to general public	一般市民に対する許容限度
radiation accident	放射線事故
the emergency exposure situation	緊急時被ばく状況
the radiation exposure	放射線被ばく
prompt countermeasures	迅速な対策
the existing exposure situation	現存被ばく状況
the planned exposure situation	計画被ばく状況
the source of exposure	被ばく源
the Fukushima No.1 nuclear power plant accident	福島第一原発事故
free of charge	無償で

《和文対訳トレーニング》 ★1文1分間を目安に

210　In the "Recommendations of the International Commission on Radiological Protection" (ICRP Publication 60 published in1990), they adopted a new concept "dose limit" (e.g., the limit permitted to general public is 1mSv per year), thus reformulating the concept of risk. Publication 60 has been referred to widely.

「国際放射線防護委員会の勧告」(1990年発行のICRP Publication 60)では、新しい概念「線量限度」(たとえば、一般市民に対する許容限度は年1mSv)が採用され、よってリスクの考え方が再整理された。60号勧告は広く参照されている。

211　A revision of ICRP Publication 60 came in ICRP Publication 103, published in 2007.

60号(ICRP Publication 60)の改訂版が2007年に発行された103号(ICRP Publication 103)だ。

212　This edition proposed the classification of measures for exposure according to elapsed time from a radiation accident.

この号では、放射線事故からの経過時間による被ばく対策の分類が提唱された。

213　The time frames are "planned," "emergency," and "existing exposure" situations.

時間枠は「計画被ばく状況」、「緊急時被ばく状況」、「現存被ばく状況」である。

214 The emergency exposure situation refers to the situation where the radiation exposure is happening right at the moment and prompt countermeasures should be taken, as in the case immediately after a nuclear accident.

緊急時被ばく状況とは、原発事故直後のケースのような、放射線被ばくが今まさに起きていて、迅速な対策を要する状況を指す。

215 The existing exposure situation is the situation where the exposure still continues though a state of emergency has passed.

現存被ばく状況は、緊急事態は過ぎたものの、まだ被ばくが続いている状況である。

216 Today, Fukushima Prefecture is considered in this situation.

現在、福島県はこの状況にあると見なされる。

217 The planned exposure situation is the situation where things have returned to normal while "planned exposure" still continues.

計画被ばく状況は、「計画被ばく」はまだ続くが、事態が通常に戻った状況である。

218 During the transition between these phases, matters can be dealt with flexibly; each region can be classified into different phases even if the source of exposure is the same accident.

これらフェーズ間の移行においては、事態が柔軟に処理される可能性があり、つまり、被ばく源が同じ事故だとしても、地域ごとに異なるフェーズに分類されることもある。

219 Following these classifications, the ICRP published Publication 109 regarding the emergency exposure situation in 2009, and Publication 111 for the existing exposure situation, in order to describe the countermeasures taken in each phase.

この分類に従い、ICRPは、各フェーズでとるべき対策を説明するために、2009年に緊急時被ばく状況に関する109号(Publication 109)、および現存被ばく状況に関する111号(Publication 111)を発行した。

220 After the Fukushima No.1 nuclear power plant accident, these two recommendations (Publications109 and 111) became accessible to the public for free (contrary to the usual case), and the Japan Radioisotope Association provided the Japanese translation free of charge.

福島第一原発事故の後、この2つの勧告(Publications 109 および 111)は無償で公開されるようになり(通常は有償)、日本アイソトープ協会が無償で邦訳を提供した。

※日本アイソトープ協会、無償公開中の日本語版リストとダウンロード (2016年4月1日 リンク確認)
http://www.jrias.or.jp/books/cat/sub1-01/101-14.html

221 Especially, the view on the existing exposure situation provides important implications in considering present-day Fukushima and Japan.

特に、現存被ばく状況についての考え方は、今の福島と日本を考えるうえで重要な示唆を与えてくれる。

《和訳を読む》 ★英訳しながら読んでみましょう

「**国際放射線防護委員会の勧告**」（1990年発行の ICRP Publication 60）では、新しい概念「**線量限度**」（たとえば、**一般市民に対する許容限度**は年1mSv）が採用され、よってリスクの考え方が再整理された。60号勧告は広く参照されている。

60号（ICRP Publication 60）の改訂版が2007年に発行された103号（ICRP Publication 103）だ。この号では、**放射線事故**からの経過時間による被ばく対策の分類が提唱された。時間枠は「計画被ばく状況」、「緊急時被ばく状況」、「現存被ばく状況」である。

緊急時被ばく状況とは、原発事故直後のケースのような、**放射線被ばく**が今まさに起きていて、**迅速な対策**を要する状況を指す。**現存被ばく状況**は、緊急事態は過ぎたものの、まだ被ばくが続いている状況である。現在、福島県はこの状況にあると見なされる。**計画被ばく状況**は、「計画被ばく」はまだ続くが、事態が通常に戻った状況である。これらフェーズ間の移行においては、事態が柔軟に処理される可能性があり、つまり、**被ばく源**が同じ事故だとしても、地域ごとに異なるフェーズに分類されることもある。

この分類に従い、ICRPは、各フェーズでとるべき対策を説明するために、2009年に緊急時被ばく状況に関する109号（Publication 109）、および現存被ばく状況に関する111号（Publication 111）を発行した。**福島第一原発事故**の後、この2つの勧告（Publications 109 および 111）は**無償**で公開されるようになり（通常は有償）、日本アイソトープ協会が無償で邦訳を提供した。

特に、現存被ばく状況についての考え方は、今の福島と日本を考えるうえで重要な示唆を与えてくれる。

●放射線関連および重要表現

国際放射線防護委員会の勧告	*Recommendations of the International Commission on Radiological Protection*
線量限度	*dose limit*
一般市民に対する許容限度	*the limit permitted to general public*
放射線事故	*radiation accident*
緊急時被ばく状況	*the emergency exposure situation*
放射線被ばく	*the radiation exposure*
迅速な対策	*prompt countermeasures*
現存被ばく状況	*the existing exposure situation*
計画被ばく状況	*the planned exposure situation*
被ばく源	*the source of exposure*
福島第一原発事故	*the Fukushima No.1 nuclear power plant accident*
無償で	*free of charge*

Criteria of exposure other than the ICRP recommendations
ICRP 勧告以外の被ばく基準

☞ 英文読解のヒント

　原発事故から1年足らずの間に、さまざまな基準やルールが見直されました。
　誰も経験がない状況下でさまざまな施策が施行されていきましたが、それらの基準やルールは誰が決めていたのでしょうか？
　ここで取り上げる文章は、奥垰が基準やルールを決める国際的な組織の概要を解説したものです。
　日本の施策や基準は、原子力安全委員会をはじめとするいくつかの機関が複雑に絡み合って管掌しています。

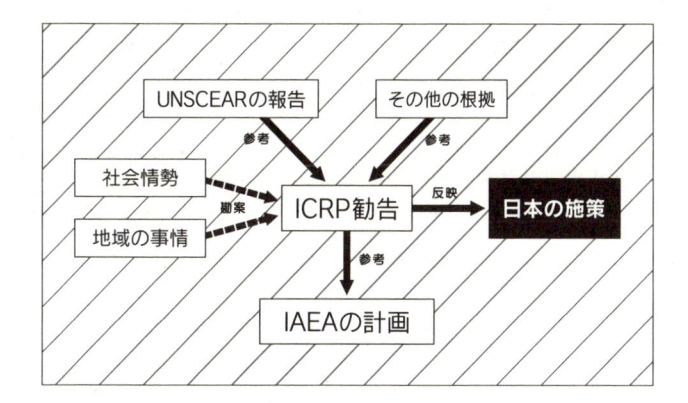

　図のように、各国際機関のレポートや勧告が相互に関連し、このうちICRPの勧告が国内施策に反映される仕組みになっています。
　こうした国際基準に則って決められていることはその都度報道されてきましたが、情報は時事的に消費され、忘れられていきます。
　月日が経てば、リテラシーもいずれ下がってしまうものかもしれません。しかし、放射線に限らず、自身の国の基準がどのように決められているのかを把握することの大切さを、奥垰は伝えています。

《英文を読む》

People usually regard the ICRP as a scientific organization, but it is not true. The ICRP recommendations are determined in view of social conditions in addition to scientific evidence, which is provided by the United Nations Scientific Committee on the Effects of Atomic Radiation (UNSCEAR).

Compared to the ICRP, the UNSCEAR is a purely scientific organization and is composed of academic experts. The UNSCEAR was established by the commission of the United Nations General Assembly in 1958, and they have been publishing scientific reports over a period of some years, in which they organize knowledge about the effects of radiation revealed in papers up to that time. The latest reports were published in 2000 and then in 2008. The ICRP offers practical measures for protection from radiation, while respecting the UNSCEAR reports, the differences among involved countries and regions, and taking account of special situations at the time, a typical example of which is recovery after a nuclear accident.

On the other hand, the International Atomic Energy Agency (IAEA) proposes more concrete procedures than the ICRP recommendations, namely, the Basic Safety Standards.

There is another organization called the Committee on the Biological Effects of Ionizing Radiation (BEIR). The Committee on BEIR is based on an organization established by the National Academy of Sciences in 1956, and publishes reports about radiation protection standards. BEIR-V, which discusses health effects of exposure to low levels of

ionizing radiation, was published in 1990 and the revised edition, BEIR-VII, was published in 2005.

● 放射線関連および重要表現

social conditions	社会情勢
scientific evidence	科学的根拠
the United Nations Scientific Committee on the Effects of Atomic Radiation (UNSCEAR)	国連科学委員会
academic experts	学識経験者
the commission of the United Nations General Assembly	国連総会の委託
measures for protection from radiation	放射線防護策
the International Atomic Energy Agency (IAEA)	国際原子力機関
the Basic Safety Standards	基本安全基準
the Committee on the Biological Effects of Ionizing Radiation (BEIR)	電離放射線の生物学的影響に関する委員会
radiation protection standards	放射線防護基準
low levels of ionizing radiation	低線量電離放射線

《和文対訳トレーニング》 ★1文1分間を目安に

222 People usually regard the ICRP as a scientific organization, but it is not true.

一般にICRPは科学的な組織だと考えられているが、実はそうではない。

223 The ICRP recommendations are determined in view of social conditions in addition to scientific evidence, which is provided by the United Nations Scientific Committee on the Effects of Atomic Radiation (UNSCEAR).

ICRP勧告は、原子放射線の影響に関する国連科学委員会（UNSCEAR: United Nations Scientific Committee on the Effects of Atomic Radiation）によって提示される科学的根拠に加え、社会情勢を考慮して決定される。

224 Compared to the ICRP, the UNSCEAR is a purely scientific organization and is composed of academic experts.

ICRPと比べて、UNSCEARは純粋に科学的な組織であり、学識経験者で構成されている。

225 The UNSCEAR was established by the commission of the United Nations General Assembly in 1958, and they have been publishing scientific reports over a period of some years, in which they organize knowledge about the effects of radiation revealed in papers up to that time.

UNSCEARは1958年に国連総会の委託によって設立され、数年に1度、科学的報告書を発行し、その時点までに論文で明らかにされた放射線の影響に関する知見をまとめている。

226 The latest reports were published in 2000 and then in 2008.

最新版は2008年報告書で、その前は2000年に発行された。

227 The ICRP offers practical measures for protection from radiation, while respecting the UNSCEAR reports, the differences among involved countries and regions, and taking account of special situations at the time, a typical example of which is recovery after a nuclear accident.

ICRPは、UNSCEAR報告書、関係国・地域の違いを尊重し、その時の特殊な状況（典型例としては原発事故後の復興）を考慮しながら、実際的な放射線防護策を提言している。

228 On the other hand, the International Atomic Energy Agency (IAEA) proposes more concrete procedures than the ICRP recommendations, namely, the Basic Safety Standards.

一方、国際原子力機関（IAEA: International Atomic Energy Agency）はICRP勧告よりも具体的な手順、すなわち基本安全基準（Basic Safety Standards）を提示する。

229 There is another organization called the Committee on the Biological Effects of Ionizing Radiation (BEIR).

電離放射線の生物学的影響に関する委員会（BEIR: Committee on the Biological Effects of Ionizing Radiation）という別の組織もある。

230 The Committee on BEIR is based on an organization established by the National Academy of Sciences in 1956, and publishes reports about radiation protection standards.

BEIRに関する委員会は、1956年に米国科学アカデミー(National Academy of Sciences)によって設立された組織を基盤とし、放射線防護基準に関する報告書を発行している。

231 BEIR-V, which discusses health effects of exposure to low levels of ionizing radiation, was published in 1990 and the revised edition, BEIR-VII, was published in 2005.

報告書のうちBEIR-Vは、低線量電離放射線被ばくによる健康影響について論じるもので、1990年に発行され、その改訂版、BEIR-VIIが2005年に発行されている。

2

《和訳を読む》　★英訳しながら読んでみましょう

一般にICRPは科学的な組織だと考えられているが、実はそうではない。ICRP勧告は、原子放射線の影響に関する**国連科学委員会**(UNSCEAR: United Nations Scientific Committee on the Effects of Atomic Radiation)によって提示される**科学的根拠**に加え、**社会情勢**を考慮して決定される。ICRPと比べて、UNSCEARは純粋に科学的な組織であり、**学識経験者**で構成されている。UNSCEARは1958年に**国連総会の委託**によって設立され、数年に1度、科学的報告書を発行し、その時点までに論文で明らかにされた放射線の影響に関する知見をまとめている。最新版は2008年報告書で、その前は2000年に発行された。ICRPは、UNSCEAR報告書、関係国・地域の違いを尊重し、その時の特殊な状況(典型例としては原発事故後の復興)を考慮しながら、実際的な**放射線防護策**を提言している。

一方、**国際原子力機関**(IAEA: International Atomic Energy Agency)はICRP勧告よりも具体的な手順、すなわち**基本安全基準**(Basic Safety

Standards)を提示する。

電離放射線の生物学的影響に関する委員会(BEIR: Committee on the Biological Effects of Ionizing Radiation)という別の組織もある。BEIRに関する委員会は、1956年に米国科学アカデミー(National Academy of Sciences)が設立した組織を基盤とし、**放射線防護基準**に関する報告書を発行している。報告書のうちBEIR-Vは、**低線量電離放射線**被ばくによる健康影響について論じるもので、1990年に発行され、その改訂版、BEIR-VIIが2005年に発行されている。

● 放射線関連および重要表現

社会情勢	social conditions
科学的根拠	scientific evidence
国連科学委員会	the United Nations Scientific Committee on the Effects of Atomic Radiation (UNSCEAR)
学識経験者	academic experts
国連総会の委託	the commission of the United Nations General Assembly
放射線防護策	measures for protection from radiation
国際原子力機関	the International Atomic Energy Agency (IAEA)
基本安全基準	the Basic Safety Standards
電離放射線の生物学的影響に関する委員会	the Committee on the Biological Effects of Ionizing Radiation (BEIR)
放射線防護基準	radiation protection standards
低線量電離放射線	low levels of ionizing radiation

The reason why "the influence on human health" is complicated

「健康への影響」が複雑な理由

☞ 英文読解のヒント

　ここで取り上げる文章は、ICRPで議論されたDDREFについて奥埜が解説したものです。

　2011年12月28日、NHKで「追跡！真相ファイル（低線量被ばく　揺れる国際基準）」という番組が放映されました。

　ICRP（国際放射線防護委員会）が低線量被ばくについて見直しを行っている、という内容でした。

　番組を丹念に見ていた奥埜は、番組の趣旨を次のように感じたといいます。

・低線量被ばくは今までに認識されているよりもリスクが大きい可能性がある
・だから、原発事故の影響による健康被害についてもう少し慎重な立場に立った方がよい

　番組制作側の意図が本当にこうだったかは分かりません。しかし、少なくとも番組を見た一般の方がそう感じてしまうような構成であったと思えたのです。

　現実にICRPで議論されていたのは低線量被ばくリスクそのものではなく、DDREF（線量−線量率影響係数）の考え方や数値についてでした。

　視聴者の関心が非常に高く、かつデリケートな問題であったため、より一層正確な報道を奥埜が求めたのも無理からぬことかもしれません。

　ちなみに、2011年11月12日に放映されたNHKの「サイエンスZERO（低線量被ばく　人体への影響を探る）」ではDDREFについて正しく論じられていたことから、奥埜はNHKによる意図的な情報操作を疑ってはいませんでした。

　この文章が書かれてから4年。「ゆっくり」被ばくが解明されるのはまだまだ先のことなのです。

《英文を読む》

I think that many people have never heard of a "DDREF." This is an acronym of a "**Dose and Dose-Rate Effectiveness Factor,**" which is a numerical value indicating the relationship between "**the quantity of radiation received**" and "**the length of time during which one is exposed to radiation**." You can interpret this as the quantification of the differ-entiated influence on one's body according to how the same amount of radiation is received, namely, whether received slowly over a long time or suddenly within a short time. Among the experts, it is considered as a consensus that the effects of radiation are weaker when it is received "slowly" than "suddenly." I would like to explain this coefficient here because I did not do so in the last chapter.

The principle that "**carcinogenic rate** increases by 0.5% per 100mSv of **radiation exposure**" in the non-threshold and straight line (LNT) model was based on the results of **epidemiological studies** of victims of the Hiroshima and Nagasaki nuclear bombs. The results showed 1% increase of carcinogenesis per 100mSv in the case of **instantaneous exposure**. From this, the effect of considerably **longer-term** (e.g. one year) **exposure** was estimated. This condition is characterized as DDREF=2. However, the recent nuclear power plant accident is "**very slow exposure**" (much longer than one year). We need to take the difference of the time duration into consideration when we talk about the effects on human health.

As stated above, if DDREF=2, the "slowing" effect is doubled, that is to say, the incidence of carcinogenesis would decrease by half. However, even recent science has not revealed the precise nature of the "slowing" effect yet. The ICRP has provisionally concluded that the ratio may be 2 at least, but it might be more than 2.

● 放射線関連および重要表現

Dose and Dose-Rate Effectiveness Factor	線量－線量率効果係数
the quantity of radiation received	受けた放射線の量
the length of time during which one is exposed to radiation	放射線を受けた時間
carcinogenic rate	発がん率
radiation exposure	放射線被ばく
epidemiological studies	疫学的調査
instantaneous exposure	瞬間的な被ばく
longer-term exposure	長期の被ばく
very slow exposure	非常にゆっくりとした被ばく

2

《和文対訳トレーニング》 ★1文1分間を目安に

232 I think that many people have never heard of a "DDREF."

「DDREF」という言葉を聞いたことがない人は多いと思う。

233 This is an acronym of a "Dose and Dose-Rate Effectiveness Factor," which is a numerical value indicating the relationship between "the quantity of radiation received" and "the length of time during which one is exposed to radiation."

これは「線量－線量率効果係数」(Dose and Dose-Rate Effectiveness Factor) の頭字語で、「受けた放射線の量」と「放射線を受けた時間」の関係を示す数値である。

234 You can interpret this as the quantification of the differentiated influence on one's body according to how the same amount of radiation is received, namely, whether received slowly over a long time or suddenly within a short time.

これは、同じ線量の放射線をどう受けたか、つまり、長期間ゆっくり受けたか、短時間で急激に受けたか、によって身体に及ぼす影響の違いを数値化したものと解釈してよい。

235 Among the experts, it is considered as a consensus that the effects of radiation are weaker when it is received "slowly" than "suddenly."

専門家の間では、放射線の影響は「急激に」受けるよりも「ゆっくり」受けるほうが小さいことは合意事項と考えられている。

236 I would like to explain this coefficient here because I did not do so in the last chapter.

前章では説明しなかったので、ここでこの係数について説明しておきたい。

237 The principle that "carcinogenic rate increases by 0.5% per 100mSv of radiation exposure" in the non-threshold and straight line (LNT) model was based on the results of epidemiological studies of victims of the Hiroshima and Nagasaki nuclear bombs.

LNT(しきい値なし直線)モデルにおける「放射線被ばく100mSvあたり0.5%発がん率が増加する」という原則は、広島と長崎の原爆被害者に対する疫学的調査の結果に基づいたものだ。

238 The results showed 1% increase of carcinogenesis per 100mSv in the case of instantaneous exposure.

この結果によれば、瞬間的な被ばくの場合は100mSvあたり1%発がんが増加した。

239 From this, the effect of considerably longer-term (e.g. one year) exposure was estimated.

これを踏まえて、ある程度長期の(たとえば1年)被ばくの影響が見積もられた。

240 This condition is characterized as DDREF=2.

この状況がDDREF=2と特徴づけられる。

241 However, the recent nuclear power plant accident is "very slow exposure" (much longer than one year).

ところが、最近の原発事故は「非常にゆっくりとした被ばく」(1年よりずっと長い)だ。

242 We need to take the difference of the time duration into consideration when we talk about the effects on human health.

人間の健康への影響について語る場合、時間軸の違いを考慮する必要がある。

243 As stated above, if DDREF=2, the "slowing" effect is doubled, that is to say, the incidence of carcinogenesis would decrease by half.

上記のように、DDREF=2なら、「ゆっくり」効果が2倍、つまり、発がん率は半分に低下することになる。

244 However, even recent science has not revealed the precise nature of the "slowing" effect yet.

ただし、「ゆっくり」効果の正確な性質は今の科学でもまだ解明されていない。

245 The ICRP has provisionally concluded that the ratio may be 2 at least, but it might be more than 2.

ICRPは、この比率は少なくとも2だが、2より大きい可能性もあると暫定的に結論づけている。

《和訳を読む》 ★英訳しながら読んでみましょう

「DDREF」という言葉を聞いたことがない人は多いと思う。これは「**線量 – 線量率効果係数**」(Dose and Dose-Rate Effectiveness Factor)の頭字語で、「**受けた放射線の量**」と「**放射線を受けた時間**」の関係を示す数値である。これは、同じ線量の放射線をどう受けたか、つまり、長期間ゆっくり受けたか、短時間で急激に受けたか、によって身体に及ぼす影響の違いを数値化したものと解釈してよい。専門家の間では、放射線の影響は「急激に」受けるよりも「ゆっくり」受けるほうが小さいことは合意事項と考えられている。前章では説明しなかったので、ここでこの係数について説明しておきたい。

LNT（しきい値なし直線）モデルにおける「**放射線被ばく**100mSvあたり0.5%**発がん率**が増加する」という原則は、広島と長崎の原爆被害者に対する**疫学的調査**の結果に基づいたものだ。この結果によれば、**瞬間的な被ばく**の場合は100mSvあたり1%発がんが増加した。これを踏まえて、ある程度**長期の**（たとえば1年）**被ばく**の影響が見積もられた。この状況がDDREF=2とされる。ところが、今回の原発事故は「**非常にゆっくりとした被ばく**」（1年よりずっと長い）だ。人間の健康への影響について語る場合、時間軸の違いを考慮する必要がある。

上記のように、DDREF=2なら、「ゆっくり」効果が2倍、つまり、発がん率は半分に低下することになる。ただし、「ゆっくり」効果の正確な性質は今の科学でもまだ解明されていない。ICRPは、この値は少なくとも2だが、2より大きい可能性もあると暫定的に結論づけている。

●放射線関連および重要表現

線量-線量率効果係数	Dose and Dose-Rate Effectiveness Factor
受けた放射線の量	the quantity of radiation received
放射線を受けた時間	the length of time during which one is exposed to radiation
発がん率	carcinogenic rate
放射線被ばく	radiation exposure
疫学的調査	epidemiological studies
瞬間的な被ばく	instantaneous exposure
長期の被ばく	longer-term exposure
非常にゆっくりとした被ばく	very slow exposure

Radiation risks for cancer:
Are they bigger than other risks？

放射線の発がんリスク：ほかのリスクより大きいのか？

☞ 英文読解のヒント

「長生きもまた発がんリスクの1つなんですよ」

これは奥埜が講演会で高齢者を前に話す言葉の1つです。

平均寿命が男女とも60歳程度であった1950年ごろと異なり、いまは男女とも80歳を優に越えて生きることができます。長寿化するプロセスで発がんは増加しており、がん研究振興財団の2014年の統計では日本人の死因の28.8%を占めています。これは医学の進歩によって他の多くの病気が克服されたからでもありますが、発がんは、今の人類にとって、いまだ残された最重要課題の1つであるということです。

発がんは多元的なプロセスです。つまり、人体における発がんは、多くの要因が折り重なって、時として成立し、時として成立しないという特徴を有します。

放射線被ばくによる発がんは確率的に起こる……初歩的な理解として、これは誤りではありません。しかし、詳しく考えると、放射線被ばくの影響も含めた多くの要因の総合的な結果として決まってくるものなのです。

少なくとも、発がんというものが、多元的で、単なる確率的事象と考えることはできない複雑な成り立ちをしているのだということは伝えておきたい、奥埜のそんな思いがこの文章には込められています。

《英文を読む》

It is emotionally challenging for experts to compare carcinogenesis caused by radiation with those caused by other factors. Scientifically speaking , it is extremely important to compare various risks and devise countermeasures accordingly, but on the other hand, **the radiation risk** caused by the nuclear power plant accident is unexpected. This may be an overstatement, but it is a risk "imposed" on us. We do not want to discuss these two kinds of carcinogenesis on the same basis, which makes this task emotionally challenging. However, we should put aside the emotional difficulties of accepting this for now and think about our life sensibly. After all, the seriousness of the risk for our health remains the same regardless of its source.

In fact, it is known that **the risk of carcinogenesis** caused by smoking is much bigger than the risk of **radiation exposure**. The risk of not consuming enough vegetables, due to worrying about **radiation contamination**, or due to their high prices, is not trivial either. Insufficient intake of vegetables might result in an impaired immune system or increase of **lifestyle-related diseases**. I think it is important to understand the relationship among these when handling the radiation problems, which will continue for a long time.

●放射線関連および重要表現

the radiation risk	放射線リスク
the risk of carcinogenesis	発がんリスク
radiation exposure	放射線被ばく
radiation contamination	放射線汚染
lifestyle-related diseases	生活習慣病

《和文対訳トレーニング》 ★1文1分間を目安に

246
It is emotionally challenging for experts to compare carcinogenesis caused by radiation with those caused by other factors.

専門家にとって放射線に起因する発がんとほかの要因に起因する発がんとを比較するのは心情的に苦しいことだ。

247
Scientifically speaking, it is extremely important to compare various risks and devise countermeasures accordingly, but on the other hand, the radiation risk caused by the nuclear power plant accident is unexpected.

科学的に言えば、さまざまなリスクを比較し、それに応じて対策を立てることはきわめて重要だが、一方、原発事故に起因する放射線リスクは予期せぬことである。

248
This may be an overstatement, but it is a risk "imposed" on us.

大げさな言い方もしれないが、それは私たちに「押しつけられた」リスクだ。

249
We do not want to discuss these two kinds of carcinogenesis on the same basis, which makes this task emotionally challenging.

この2種類の発がんを同列に論じる気にはなれず、そのせいでこの仕事が心情的に苦しくなるのだ。

250 However, we should put aside the emotional difficulties of accepting this for now and think about our life sensibly.

しかし、これを受け入れることの心理的な難しさはいったん脇に置いて、私たちの生活について合理的に考えるべきだ。

251 After all, the seriousness of the risk for our health remains the same regardless of its source.

結局、健康に対するリスクの深刻さは、その由来にかかわらず同じということだ。

252 In fact, it is known that the risk of carcinogenesis caused by smoking is much bigger than the risk of radiation exposure.

実際、喫煙に起因する発がんリスクは放射線被ばくのリスクよりかなり大きいことが知られている。

253 The risk of not consuming enough vegetables, due to worrying about radiation contamination, or due to their high prices, is not trivial either.

放射線汚染を心配して、あるいは価格高騰のために野菜を十分に食べないリスクも小さくない。

254 Insufficient intake of vegetables might result in an impaired immune system or increase of lifestyle-related diseases.

野菜不足は免疫系が弱くなる、生活習慣病が増えるという結果になりかねない。

255 I think it is important to understand the relationship among these when handling the radiation problems, which will continue for a long time.

今後も長く続く放射線問題に対処する場合、こうしたリスク間の関係を理解することが大切だと思う。

《和訳を読む》 ★英訳しながら読んでみましょう

専門家にとって放射線に起因する発がんとほかの要因に起因する発がんとを比較するのは心情的に苦しいことだ。科学的に言えば、さまざまなリスクを比較し、それに応じて対策を立てることはきわめて重要だが、一方、原発事故に起因する**放射線リスク**は予期せぬことである。大げさな言い方もしれないが、それは私たちに「押しつけられた」リスクだ。この2種類の発がんを同列に論じる気にはなれず、そのせいでリスクの比較が心情的に苦しくなるのだ。しかし、これを受け入れることの心理的な難しさはいったん脇に置いて、私たちの生活について合理的に考えるべきだ。結局、健康に対するリスクの深刻さは、その由来にかかわらず同じということだ。

実際、喫煙に起因する**発がんリスク**は**放射線被ばく**のリスクよりかなり大きいことが知られている。**放射線汚染**を心配して、あるいは価格高騰のために野菜を十分に食べないリスクも小さくない。野菜不足は免疫系が弱くなる、**生活習慣病**が増えるという結果になりかねない。今後も長く続く放射線問題に対処する場合、こうしたリスク間の関係を理解することが大切だと思う。

● 放射線関連および重要表現

放射線リスク	*the radiation risk*
発がんリスク	*the risk of carcinogenesis*
放射線被ばく	*radiation exposure*
放射線汚染	*radiation contamination*
生活習慣病	*lifestyle-related diseases*

＜放射線と研究者＞

「僕も分からないんですよ」

　Ａはそう言って肩をすくめてみせた。
　大学校内のあちこちに割れたガラスをベニヤ板で塞いだままのところがあったりしたものの、研究室の崩れ落ちた天井は修復され、一見すると僕がいた頃とまったく変わりないようにも見えた。
「教授、ふらっといなくなることが前より増えましてね。色々なところに呼ばれて話をしているみたいです。小学校とか公民館とか。大学からはそういうの自重するように言われてるんですけどね」
　Ａは銀縁の眼鏡をそっと中指で押し上げながら、書類を取り出して見せた。
「そうそう、文科省の科研費とれたんです。場所柄、大学はとにかく放射線絡みのテーマにして欲しかったみたいなんですが、その点はラッキーでした」
　事実かどうかは分からないが、放射線とまったく関係のないテーマの研究者たちにも、研究課題を放射線に絡めよという指示があったらしい。研究者側からすればちょっと信じられない話だ。
「それはよかった。どんな研究課題？」
　Ａは手にとった書類をそのまま渡してくれた。
「放射線被ばく情報管理の標準化の拡張か……」
　チェルノブイリ原発事故後、ヨーロッパではベラルーシ地方の住民の食生活が引き起こす内部被ばく量を推定するソフトウェアが作られた。そのソフトウェアを日本版として移植するプロジェクトのようだった。ボスらしい地味だが実直で有効性の高いテーマだ。

わたしは放射能に汚染されたの？線量って何？いつどこでわたしは被ばくしてるの？危険なの？どうして、うちの子は他の子よりも汚染されてるの？どうすればいいの？
　震災アウトサイダー症候群は、時折、僕にこんな夢を見せた。たくさんの住民から質問を投げかけられ答えることができずに立ち尽くす夢だ。
　そして、これは福島の地元の医師たちにとっては夢でもなんでもなく現実だった。
　住民からこうした質問が地元の医師たちに向けられる。この質問に、福島の医師たちは答えることができないのだ。それは知識の問題だけではなく、判断する基準がないからだった。
　なぜなら、WBC（whole body counter）の測定値を解釈するためのツールを日本は持っていなかったから。医師たちは「科学的に答える」ことができず忸怩たる思いで沈黙するしかなく、その沈黙は、結果的に無力感と信頼の喪失を引きおこしていた。
　日本での放射線被ばく情報管理の標準化は喫緊の課題だった。

「要するに、日本の食習慣に対応したデータベースシステムを作るわけでしょ？」
「まずは日本語のOSで動くようにするのが先です。遅くても夏前までには正常に動作するようにしたいです。データベースはその後になるでしょうね」
　今回放出された放射性物質の量は、チェルノブイリの原発事故のものよりは相当少ないらしいことが分かってきている。WBCを使った内部被ばく量の実測でもそのことははっきりしつつある。
　問題はその情報をどのように使えるようにしていくのかだ。
　ボスもAも、自分にできることをしっかり進めようとしている。
　では、僕はどうしてここにいるのだろう？

Radiation Literacy 放射線リテラシー

「研究チーム編成は？僕が手伝えるような余地はあるんだろうか？」

　僕はどうしてこんな質問をしたのだろう。遠くで誰かの大きなくしゃみが聞こえ、一瞬の沈黙が流れた。Aはもう一度銀縁の眼鏡をそっと中指で押し上げるとこう言った。
「ちょっと難しいかもしれません」
　Aは手に持っていた科研費の書類の束を僕から受け取ると、トントンと整理しながら言った。
「今回の研究代表者、僕なんですよ。教授じゃないんです」

　2012年1月17日。会津は今日もまた雪だった。Aは律儀に大学構内のバス停留所まで僕を見送ってくれた。1時間に1本の路線バスの運航時間は僕がいたときと変わっていなかった。
「この雪だし、バス少し遅れるかも知れませんよ」
「そうだね」
　時計は14時33分。予定通りなら、あと1分で到着予定だ。
「そういえば、教授が言ってました。今年で17年になるんだなって」
「え？」
「今日1月17日は阪神淡路大震災の日です。17年前、奥埜教授、大阪の実家で被災したらしいですよ。そちらに戻ってるのかもしれない」
「そんな気もするね」
　チャリチャリチャリチャリチャリとチェーンを巻いたバスの音が近づいてきた。予定通りだ。
　ありがとう、またねと手を差し出す。
「教授から連絡があったら、なんて伝えればいいですか？」
　Aは僕の手を握りながら訊ねた。バシュッという噴射音と共に扉があき、僕の後ろに並んでいた数名の学生たちが乗り込んでいく。
「いやいいよ」
　何も連絡せずに帰国した僕を避けているわけでもないだろう。

『覚悟を決めて歩みだした方向が、果して望まれるものとは限らない』

　僕がその覚悟を投げ出して逃げ帰ってきたとすれば怒るだろうけれど。
「何も言わないでいいよ。自分で言うから」
　そう、僕は、直接ボスに聞きたいことがあってここにいるのだ。
　僕が最後に強く手を握ると、Aも強く握り返してきた。

「トシ先輩、きっとトシ先輩にしかできないことがあると思いますよ」

　そうかな。そうだといいけれど。

Stop the Discrimin
Radiatio
New Yea
Fukushim

Chapter 3
差別とたたかう
Stop the Discrimination

ソフィーです。
差別は許されません。しかし、処理しきれない情報はステレオタイプに単純化されていきます。ステレオタイプが伝えるメッセージは単純かつ強力です。

例えば、目の前にこんな式があります。

イスラム ＝ ？

悲しいことに、私の国フランスではここにテロリズムを代入してしまう人は少なくないでしょう。冷静に考えれば、そんな等式が成立しないことは分かるのに。
では、あなたはこの式にどんな言葉を入れますか？

フクシマ ＝ ？

福島の放射線問題はグローバルな課題です。
いまだ多くの人がこの式に、「放射線」という答えを代入するでしょう。
多くの差別は無知から生まれます。
差別をなくすために、この等式の答えをいつか放射線を超えたものにしていくために、あなたの別の答えを増やしてください。

High time to transmit information about radiation problems to the world
今こそ放射線問題についての情報を世界に向けて発信するとき

☞ 英文読解のヒント

この原稿を書く直前、奥埜は出張で米国にいました。その間、仕事仲間やタクシーの運転手など、多くの人から日本の"radiation problem"について質問を受けました。震災直後の2011年5月にフィンランドに行ったときも同様だったといいます。

奥埜もまた、機会あるごとに放射線のことや、日本のことをどう感じているかを質問しました。心から心配して声をかけてくれる人、まったく関心がない人、日本を避けている人、さまざまな反応が返ってきました。

ここで取り上げる文章は、奥埜の30年来の友人で家族ぐるみで親しくしている米国人の放射線科医の話です。

奥埜と同世代で日系3世の彼は、日本が大好きでこれまでに何度も日本に来ていました。

その彼が震災後、奥埜にこう言ったのです。
「危険じゃないのは分かるよ。でも……日本には当分行かないから、会うならアメリカに来てね！」と。

お嬢さんがいるということもあり、放射線の問題が解決しない日本には来たくなかったのでしょう。

2012年6月、観光庁は日本を訪れた外国人旅行者数が震災前水準を上回ったことを発表しました。東京をはじめ、日本の著名な観光スポットに大きな影響はないことを周知していった関係者の努力は素晴らしいものです。

2012年当時、観光庁長官はこう言っています。
「被災したものの、すでに回復している東北地方も含め、皆様の日本へのお越しをお待ちしております。」

この時の「すでに回復している東北地方」の中に福島が含まれていたとは思えませんが、「日本へおいでよ」という声を出し続けることの大切さは伝わります。

この文章が書かれた当時の東京の"radiation problem"は収束しました。しかし、福島の、日本の"radiation problem"は収束していません。

ただ、あらゆる課題に解決と未解決が混在するのは、どの国でも同じことです。福島も復興しているところもあれば道半ばのところもあります。

奥埜は、今日も「日本へおいでよ」と言い続けています。どこに問題がなくどこに問題があるのか、自分の言葉で繰り返し説明し続けながら。

《英文を読む》

Of course, he understands the situation in Japan because he is a **radiologist**. I also explained it to him, but he would not agree with my opinions and replied, "Well, I know that Japan is not at all dangerous, but travel should be enjoyable, so it is difficult to go there if my family has even a little anxiety." I will continue inviting him to Japan, but I do not know when his opinions will change.

I was asked for consultation about radiation from foreign executives several times immediately after the earthquake. They all wanted to know whether they could live in Tokyo. Because what was really happening was not clear in those days, I answered, "At first, you should stay away from Japan and obtain enough information about the situation. Once you do that, I think you can judge the situation for yourself." In the following autumn, when I had the same session, I said, "**The risk of radiation in Tokyo** is not high, so you can come back to Japan if you have a reason to stay in Tokyo." Some people, but not everyone, came back to Japan after hearing this.

After the earthquake, as the situation becomes clearer, the degree of anxiety has been decreasing. However, even now, foreign countries and people question if Japan is safe or not. "**Transmission of information**" is what is needed most to avoid **irrational discrimination**. What it means is not emotional argument of Japan's current level of safety but frequent transmission of how Japan is tackling **the radiation problem**, what we should do from now, and based on the information that we have transmitted, how the world should think of us.

How the world views Japan is very important when we consider the global position of Japan. "Transmission of information" is necessary now, and it is high time we do so. We must not let this opportunity escape.

●放射線関連および重要表現

radiologist	放射線科医
the risk of radiation in Tokyo	東京の放射線リスク
transmission of information	情報の発信
irrational discrimination	不合理な差別
the radiation problem	放射線問題

《和文対訳トレーニング》 ★1文1分間を目安に

256 Of course, he understands the situation in Japan because he is a radiologist.

もちろん、彼も放射線科医だから日本の状況は分かっている。

257 I also explained it to him, but he would not agree with my opinions and replied, "Well, I know that Japan is not at all dangerous, but travel should be enjoyable, so it is difficult to go there if my family has even a little anxiety."

それは私も説明したが、彼は私の意見に同意しようとせず、こう答えた。「まあ、日本が危険じゃないのは分かるけど、旅行は楽しくなくちゃ。だから家族が少しでも不安に思うなら行くのは難しいな」

258 I will continue inviting him to Japan, but I do not know when his opinions will change.

私はこれからも彼を日本に誘い続けるが、いつ彼の意見が変わるものやら分からない。

259 I was asked for consultation about radiation from foreign executives several times immediately after the earthquake.

地震直後、何回か(日本在住の)外国人エクゼクティブから放射線について相談を受けた。

260 They all wanted to know whether they could live in Tokyo.

どの人も東京に住めるかどうかを知りたがった。

261 Because what was really happening was not clear in those days, I answered, "At first, you should stay away from Japan and obtain enough information about the situation. Once you do that, I think you can judge the situation for yourself."

当時は、実際に何が起きているかはっきりしなかったので、私はこう答えた。「まず、日本から離れて、状況について十分な情報を入手したほうがいいです。いったんそうすれば、ご自分で状況を判断できると思います」

262 In the following autumn, when I had the same session, I said, "The risk of radiation in Tokyo is not high, so you can come back to Japan if you have a reason to stay in Tokyo."

その後、秋に同じセッションを行ったときはこう話した。「東京の放射線リスクは高くありませんから、東京にいる理由があるなら日本に戻ってきてもよろしいですよ」

263 Some people, but not everyone, came back to Japan after hearing this.

これを聞いて、日本に戻ってきた人もいれば、そうでない人もいた。

264 After the earthquake, as the situation becomes clearer, the degree of anxiety has been decreasing.

地震後、状況が少しずつ明らかになるにつれて、不安の程度は小さくなってきている。

265 However, even now, foreign countries and people question if Japan is safe or not.

しかし、今でさえ、外国や外国人は日本が安全かどうか疑問視しているのだ。

266 "Transmission of information" is what is needed most to avoid irrational discrimination.

「情報の発信」は、不合理な差別を避けるために最も必要とされることだ。

267 What it means is not emotional argument of Japan's current level of safety but frequent transmission of how Japan is tackling the radiation problem, what we should do from now, and based on the information that we have transmitted, how the world should think of us.

その意味は、日本の現在の安全レベルを感情的に議論することではなく、日本が放射線問題にどう取り組んでいるか、日本人が今後何をすべきか、そして発信した情報に基づいて、世界が日本をどう考えるべきかを頻繁に伝えることだ。

268 How the world views Japan is very important when we consider the global position of Japan.

世界が日本をどう見るかは、日本のグローバルな地位を考える際に大変重要だ。

269 "Transmission of information" is necessary now, and it is high time we do so.

「情報の発信」は今必要であり、今こそ私たちがそうするときだ。

270 We must not let this opportunity escape.

この機会を逃してはならない。

《和訳を読む》 ★英訳しながら読んでみましょう

もちろん、彼も放射線科医だから日本の状況は分かっている。それは私も説明したが、彼は私の意見に同意しようとせず、こう答えた。「まあ、日本が危険じゃないのは分かるけど、旅行は楽しくなくちゃ。だから家族が少しでも不安に思うなら行くのは難しいな」私はこれからも彼を日本に誘い続けるが、いつ彼の意見が変わるものやら分からない。

地震直後、何回か（日本在住の）外国人エグゼクティブから放射線について相談を受けた。どの人も東京に住めるかどうかを知りたがった。当時は、実情がはっきりしなかったので、私はこう答えた。「まず、日本から離れて、状況について十分な情報を入手したほうがいいです。いったんそうすれば、ご自分で状況を判断できると思います」その後、秋に同じセッションを行ったときはこう話した。「東京の放射線リスクは高くありませんから、東京にいる理由があるなら日本に戻ってきてもよろしいですよ」これを聞いて、日本に戻ってきた人もいれば、そうでない人もいた。

地震後、状況が少しずつ明らかになるにつれて、不安の程度は小さくなってきている。しかし、今でさえ、外国や外国人は日本が安全かどうか疑問視しているのだ。

「情報の発信」は、不合理な差別を避けるために最も必要とされることだ。その意味は、日本の現在の安全レベルを感情的に議論することではなく、日本が放射線問題にどう取り組んでいるか、日本人が今後何をすべきか、そして発信した情報に基づいて、世界が日本をどう考えるべきかを頻繁に伝えることだ。

世界が日本をどう見るかは、日本のグローバルな地位を考える際に大変重要だ。「情報の発信」は今必要であり、今こそ私たちがそうするときだ。この機会を逃してはならない。

● 放射線関連および重要表現

放射線科医	*radiologist*
東京の放射線リスク	*the risk of radiation in Tokyo*
情報の発信	*transmission of information*
不合理な差別	*irrational discrimination*
放射線問題	*the radiation problem*

Stop the "discrimination" against Japan
日本「差別」を許さない

☞ 英文読解のヒント（例文を読む前に）

　いわれのない差別が、万が一にも起こらないためにもっとも重要なのは何でしょうか？
　この問に、奥埜は一貫して「発信」であると答えています。
　日本がいかに安全かを感情的に謳う発信ではなく、日本が放射線の問題にいかに取り組み、これからどうするのか、そしてその結果、ロジカルにどう考えるべきなのかを機会があるごとに発信することだと。
　震災後1年というのは、奥埜にとって「発信」すべき「旬」の年でした。

　日本が海外からどう見えているかは、今後の日本のグローバルな位置を考えるうえで大変重要な視点です。
　時を経て改めて「発信」すべきことが溜まってきています。クリアされた課題、新たに見いだされる課題……。SNS等で瞬時に情報が拡散し、多人数によって検証される現在、ごまかしの発信は逆効果です。
　2020年東京オリンピックに向けて、情報を発信する「旬」の年が近づいています。

《英文を読む》

Readers who live far away from Fukushima may view Fukushima as something unusual and think that radiation is a problem in a region which has nothing to do with them. Setting aside whether this is right or wrong, we must deal with the radiation problem so that children who have grown up in Fukushima are not discriminated against when they move on to a higher-level school, get a job, or marry.
It should be evident that discrimination must not exist in the first place because there is no legitimate reason for it.

However, I think I have to use this word "discrimination" and attract our attention to it so that no more problems will occur. How Japanese people view Fukushima is similar to how the world views Japan. In other words, it is possible that foreign countries regard Japan as dangerous in the same way that many Japanese people regard Fukushima as dangerous.

Likewise, Japanese children must not be discriminated against when they try to do something globally in the future, for example, going to a higher-level school, getting a job or getting married in a foreign country. Some readers will probably laugh this off, saying, "Aren't you reading into the problem too deeply?" However, all Japanese people are involved, and the discrimination problem is not just someone else's problem. Everyone has to keep on trying to make some contribution for the future of this country.

●放射線関連および重要表現

the radiation problem	放射線問題
discrimination	差別

《和文対訳トレーニング》 ★1文1分間を目安に

271 Readers who live far away from Fukushima may view Fukushima as something unusual and think that radiation is a problem in a region which has nothing to do with them.

福島から遠く離れて住んでいる読者は、福島を特別視して、放射線は自分とは関係のない地域の問題だと考えているかもしれない。

272 Setting aside whether this is right or wrong, we must deal with the radiation problem so that children who have grown up in Fukushima are not discriminated against when they move on to a higher-level school, get a job, or marry.

それが正しいか、間違っているかは脇に置いて、福島で育った子どもたちが進学や就職、結婚で差別されることのないように放射線問題に対処しなくてはいけない。

273 It should be evident that discrimination must not exist in the first place because there is no legitimate reason for it.

差別に正当な理由などないのだから、そもそも差別は存在してはならないことは明白であって然るべきだ。

274 However, I think I have to use this word "discrimination" and attract our attention to it so that no more problems will occur.

しかし、この「差別」という言葉を敢えて使い、それに私たちの注意を引きつけて、決して問題が起こらないようにしなければならないと思うのだ。

275 How Japanese people view Fukushima is similar to how the world views Japan.

日本人が福島をどう見るかは、世界が日本をどう見るかに相似している。

276 In other words, it is possible that foreign countries regard Japan as dangerous in the same way that many Japanese people regard Fukushima as dangerous.

つまり、多くの日本人が福島を危険視するのと同様に諸外国が日本を危険視する可能性があるということだ。

277 Likewise, Japanese children must not be discriminated against when they try to do something globally in the future, for example, going to a higher-level school, getting a job or getting married in a foreign country.

同様に、日本の子どもたちが将来グローバルに何かしようとするとき、たとえば、外国で進学する、就職する、結婚するという場合に差別されることがあってはならない。

278 Some readers will probably laugh this off, saying, "Aren't you reading into the problem too deeply?"

おそらくこれを笑い、「問題を深読みしすぎじゃないの?」と言う読者もいることだろう。

279 However, all Japanese people are involved, and the discrimination problem is not just someone else's problem.

しかし、日本人全員が当事者であり、差別問題は他人事ではない。

280 Everyone has to keep on trying to make some contribution for the future of this country.

この国の未来のために誰もが何か貢献しようと努力していかなければならない。

《和訳を読む》 ★英訳しながら読んでみましょう

福島から遠く離れて住んでいる読者は、福島を特別視して、放射線は自分とは関係のない地域の問題だと考えているかもしれない。その是非はともかく、福島で育った子どもたちが進学や就職、結婚で差別されることのないように放射線問題に対処しなくてはいけない。

分かりきったことだが、差別に正当な理由などないのだから、そもそも差別は存在してはならない。しかし、この「差別」という言葉を敢えて使い、それに私たちの注意を引きつけて、決して問題が起こらないようにしなければならないと思うのだ。日本人が福島をどう見るかは、世界が日本をどう見るかに相似している。つまり、多くの日本人が福島を危険視するのと同様に諸外国が日本を危険視する可能性があるということだ。

同様に、日本の子どもたちが将来グローバルに何かしようとするとき、たとえば、外国で進学する、就職する、結婚するという場合に差別されることがあってはならない。おそらくこれを笑い、「問題を深読みしすぎじゃないの?」と言う読者もいることだろう。しかし、日本人全員が当事者であり、差別問題は他人事ではない。この国の未来のために誰もが何か貢献しようと努力していかなければならない。

●放射線関連および重要表現

放射線問題	*the radiation problem*
差別	*discrimination*

State your "own" opinions
「自分の」意見を言おう

☞ 英文読解のヒント

2012年3月2日。
奥埜は震災後1年を通した自分の思いを、この文章にまとめました。
被災者たちに。自身の弟子たちに。友人たちに。多くの世界中のアウトサイダーたちに向けて。
ここに書かれたことは、本当に何気ないことです。
自分のことのように興味を持って語ろう。
ワールドカップサッカーの勝敗について海外の人と語るように、雑談のネタとして、放射線について話題にしよう。
日本人はこんな風に考えているぞ、だから、放射線の話題をタブーにしないで話しかけてくれ……。
アウトサイダーの持つ『軽はずみに触れてはいけない』というような強張りを、奥埜は解きほぐしたかったのかもしれません。

《英文を読む》

Let me give you more concrete examples. First of all, it is crucial that all people are properly informed regarding the radiation problem. I hope that people will fully understand the effects of radiation on our health, understand international rules, and understand the policies of Japan. In order to help you have appropriate understanding, I have tried to supply necessary pieces of information regarding radiation problems in this series.

In addition, — this second point is most important in my opinion — I hope that each person will have his/her own opinions. With solid ideas that you have thought out by yourself, please discuss radiation problems with non-Japanese people whenever you have the chance. In the process of the discussion, you can rectify their misunderstanding and prejudice. Above all, I think it valuable to show to the world that we are honestly and seriously **working on this radiation problem**.

A long time ago, when I was still a young resident at a hospital, I traveled to Australia for summer vacation right before the Gulf War (1991) broke out. I was impressed by a farmer whom I happened to meet at a pub; I felt even jealous of him, as he was very thoughtful and could eloquently state his opinions about how the war would affect farming in Australia. He went on saying, "Well, what do you think?" However, I was not able to explain the relationship between the Gulf War and Japan and felt embarrassed.

Ever since this event, I have been trying to have my own opinion on things. Many people probably have the same experience. I believe that the radiation problem will become a topic which business people will frequently discuss with friends all over the world, just in the same way as international situations or a global economic policy are discussed.

A quarter century has passed since I talked with that Australian farmer. I think now is the time for every Japanese to learn **the importance of transmitting information** about **recovery** and radiation problems.

In conclusion, I sincerely hope that everyone who has read my series will help people all over the world raise their awareness about this problem.

●放射線関連および重要表現

work on this radiation problem	この放射線問題に取り組む
the importance of transmitting information	情報発信する重要性
recovery	復興

《和文対訳トレーニング》 ★1文1分間を目安に

281 Let me give you more concrete examples.

もう少し具体的な例を挙げよう。

282 First of all, it is crucial that all people are properly informed regarding the radiation problem.

まず、誰もが放射線問題について正しく知識を持つことが重要だ。

283 I hope that people will fully understand the effects of radiation on our health, understand international rules, and understand the policies of Japan.

放射線の健康への影響をよく理解してほしいし、国際的なルールや日本の施策も理解してほしい。

284 In order to help you have appropriate understanding, I have tried to supply necessary pieces of information regarding radiation problems in this series.

正しく理解する助けになるように、この連載では放射線問題について必要な情報を提供しようと努めてきた。

285 In addition, —this second point is most important in my opinion—I hope that each person will have his/her own opinions.

そのうえで、私の考えではこの2点目が最も大切なのだが、一人ひとりが自分の意見を持ってほしい。

286 With solid ideas that you have thought out by yourself, please discuss radiation problems with non-Japanese people whenever you have the chance.

自分自身でよく考えたしっかりとした意見を持って、チャンスがあれば、日本人以外の人と放射線問題を議論してみよう。

287 In the process of the discussion, you can rectify their misunderstanding and prejudice.

議論の過程で、相手の誤解や偏見を正すこともできる。

288 Above all, I think it valuable to show to the world that we are honestly and seriously working on this radiation problem.

何よりも、日本人がこの放射線問題に正直に、真剣に取り組んでいることを世界に示すことは価値があると思う。

289 A long time ago, when I was still a young resident at a hospital, I traveled to Australia for summer vacation right before the Gulf War (1991) broke out.

昔、まだ若い研修医だった頃、湾岸戦争（1991年）勃発直前の夏休みにオーストラリアを旅行した。

290 I was impressed by a farmer whom I happened to meet at a pub; I felt even jealous of him, as he was very thoughtful and could eloquently state his opinions about how the war would affect farming in Australia.

そのときパブでたまたま会った農夫に感銘を受けた。たいへん思慮深く、湾岸戦争がオーストラリアの農業にどう影響するか自分の意見を雄弁に語ることのできる彼に嫉妬さえ覚えた。

291 He went on saying, "Well, what do you think?"

彼はこう言葉を続けた。「で、君はどう思うの？」

292 However, I was not able to explain the relationship between the Gulf War and Japan and felt embarrassed.

しかし、私は湾岸戦争と日本の関係を説明することができず、恥ずかしい思いをした。

293 Ever since this event, I have been trying to have my own opinion on things.

この一件以来、何事にも自分の意見を持つよう努力してきた。

294 Many people probably have the same experience.

おそらく同じ経験をした人は多いだろう。

295 I believe that the radiation problem will become a topic which business people will frequently discuss with friends all over the world, just in the same way as international situations or a global economic policy are discussed.

国際情勢やグローバルな経済政策が話し合われるのと同じように、放射線問題はこれからビジネスパーソンが頻繁に世界中の友人と話し合う話題になると思う。

296 A quarter century has passed since I talked with that Australian farmer.

あのオーストラリアの農夫と話して以来、四半世紀が過ぎた。

297 I think now is the time for every Japanese to learn the importance of transmitting information about recovery and radiation problems.

今こそ、日本人全員が復興や放射線問題について情報発信する重要性を学ぶときだと思う。

298 In conclusion, I sincerely hope that everyone who has read my series will help people all over the world raise their awareness about this problem.

最後に、私の連載を読んだみなさんが、世界中でこの問題に関する意識を高めてくれることを切に願う。

《和訳を読む》 ★英訳しながら読んでみましょう

もう少し具体的な例を挙げよう。まず、誰もが放射線問題について正しく知識を持つことが重要だ。放射線の健康への影響をよく理解してほしいし、国際的なルールや日本の施策も理解してほしい。正しく理解する助けになるように、この連載では放射線問題について必要な情報を提供しようと努めてきた。

そのうえで、私の考えではこの2点目が最も大切なのだが、一人ひとりが自分の意見を持ってほしい。自分自身でよく考えたしっかりとした意見をもって、チャンスがあれば、日本人以外の人と放射線問題を議論してみよう。議論の過程で、相手の誤解や偏見を正すこともできる。何よりも、日本人が**この放射線問題**に正直に、真剣に**取り組んで**いることを世界に示すことは価値があると思う。

昔、まだ若い研修医だった頃、湾岸戦争(1991年)勃発直前の夏休みにオーストラリアを旅行した。そのときパブでたまたま会った農夫に感銘を受けた。たいへん思慮深く、湾岸戦争がオーストラリアの農業にどう影響するか自分の意見を雄弁に語ることのできる彼に嫉妬さえ覚えた。彼はこう言葉を続けた。「で、君はどう思うの?」しかし、私は湾岸戦争と日本の関係を説明することができず、恥ずかしい思いをした。

この一件以来、何事にも自分の意見を持つよう努力してきた。おそらく同じ経験をした人は多いだろう。国際情勢やグローバルな経済政策が話し合われるのと同じように、放射線問題はこれからビジネスマンが頻繁に世界中の友人と話し合う話題になると思う。

あのオーストラリアの農夫と話して以来、四半世紀が過ぎた。今こそ、日本人全員が**復興**や放射線問題について**情報発信する重要性**を学ぶときだと思う。

最後に、私の連載を読んだみなさんが、世界中でこの問題に関する意識を高めてくれることを切に願う。

●放射線関連および重要表現

この放射線問題に取り組む	*work on this radiation problem*
情報発信する重要性	*the importance of transmitting information*
復興	*recovery*

<高速バスで会った女の子>

「へぇ〜じゃ、トシさん、ニューヨークに住んでんだぁ。格好いいな〜」

　白いダウンジャケットとハイビスカスの花柄がプリントされた大きな巾着バッグ。冬と夏がごちゃ混ぜになっている。20代前半だろうか。引っ詰めた茶色い髪ときつめの水色のアイラインがエキゾチックな顔だちをより際立たせていた。
　東京での用事を済ませた僕は新宿駅南口から会津若松行きの高速バスに乗っていた。東京の友人はすっかり冷静さと普段の生活を取り戻していた。
　『あの時は本当に助かったよ』と友人は微笑んだ。彼の家の外階段の鉄の溶接が外れてしまい、余震の度に近所中にカンカンカンと甲高い音を響かせていたという。『その度に子どもたちが泣きだしてね、年末にようやく修理が終わったんだ』
　上の娘さんは今年小学生。2歳になったばかりの下の娘さんは目を離すとどこまでも歩いていってしまうと笑った。もちろん、ざわつきと不安は消えていない。ただ、東京にとって福島の放射線問題は徐々に対岸の火事になりつつあるようにも見えた。
　東京にあるボスの自宅を訪ねたがあいにく留守だった。北海道に帰省しているのかもしれない。目立った成果がないと疲れも倍増する。ここから会津まで4時間半の道程。なんとか眠って過ごそうと思っていたところ、とてつもなく話好きな女の子と隣り合わせになったのだ。

「カヲル。くっつきの『ヲ』の方のカヲルね。くっつきの『ヲ』だから、誰とでもすぐ仲良くなれんの。有名人だとエヴァンゲリオンの使徒だったカヲルくんと一緒だよ」

　彼女は定番になっているらしい自己紹介を皮切りに、自分の

ことを話し、屈託なく僕のことを聞いてきた。ともすれば煙たくなりがちな無邪気さは、不思議なバランスで人をひきつける魅力にとどまっていた。
「へぇ～、トシさんも医者なの？頭いんだね～」
　福島の浜通りのイントネーションが、彼女のとりとめのない話に不思議な抑揚をつけていた。雪国の会津と雪の降らない浜通り。同じ福島とは思えない気候の差は住む人間の性格にも影響するのかもしれない。
「トシさんもって、君も医者なの？」
「ちがうよ～。こないだバスで隣になったおじさんも、医者だったの。最初、怖そうな人だなって思ったけど、めっちゃいい人でさ～。あたしとばぁちゃんのこと助けてくれたのよ」
　それは2ヵ月くらい前のことだったらしい。

　あたしとばぁちゃん、二人して新宿行きの高速バスに乗ってたの。
　ばぁちゃんがね、東京にいる友達に、借りてた大事なもの返すんだぁってきかなくってさ。
　じいちゃんが具合悪かったんだけど、ようやく市民病院に入院できたし、あたしもばぁちゃん一人で行かすわけにもいかなくてさ、じいちゃんおいて出かけたの。
　看護師さんはとめたんだけど、ばぁちゃん、言い出したらきかないからさ。どうしても返さないといけないって言ってさ。
　で、高速乗ってしばらくしたら、ばぁちゃんの携帯がなるわけよ。
　バスん中だから迷惑だし出んなつったのに、ばぁちゃんが電話に出たの。
　癖でさ、ばぁちゃん、最近右側の耳少し遠くなってきてるのに右側で受けるの。
　しばらく大声でしゃべってたけど、要領得なくてさ。
　他の乗客にも迷惑だな～って思ってたら、突然大声出して、どうすっぺ、カヲル。病院から電話だ。なんかじいちゃん危篤

だって〜て叫びだしたの。
　あたしも急にそんなこと言われてパニックになっちゃってさ、どうしたらいいか分かんなくなったわけ。
　したら、隣に座っていたおじさんが、さっと電話に出てくれたの。

「それで、どうしたの？」
　電話を替わった男性は自分が医師であること、たまたまバスに乗り合わせていただけということを告げ、正確な情報をくださいと伝えると、病院からしばらく話を聞いてくれたそうだ。
「正直パッと見さえないおっさんなんだけど、センセイはすごい格好よかったの」

『ご主人は心筋梗塞で今集中治療室に入ったそうです。市民病院で発作を起こしたのは運がよかったと言っていい。心臓はスピード勝負ですから。次のパーキングで運転手さんにお願いして、このバスの逆方向の便に乗せてもらいましょう』

「阿武隈PAで運転手さんに降ろしてくれってお願いしたの。最初、運転手さん『高速バスは途中で乗り降りできないんですよ』とか言ってたんだけどね。ばぁちゃんの言葉をセンセイがうまく伝えてくれたら、緊急事態なので会社に確認しますって言ってくれてさ。結局、あたしとばぁちゃんは阿武隈PAからちょっと先に行ったところにある路線バスの停留所で降ろしてもらったんだ。そして、バスの運転手さんが呼んでくれたタクシーに乗り換えて会津に戻れたの。そんで、じいちゃんの死に目にも会えたんだ。
あん時、センセイだけじゃなくて、バスのあちこちから『頑張りなさいね』『お大事に』って声が聞こえてさ。あたし、すっごい感動して泣けてきちゃって」

　カヲルと彼女の祖母は浪江町に住んでいて震災に遭い、会津

若松で避難生活を送っているのだという。
　おじいさんは浪江に住んでいたら、きっともうちょっと元気だっただろう。避難生活が命を縮めてしまったかもしれない、そんな思いが僕の中で渦を巻いた。

「それにしてもさ、あたし、医者とバスで隣に座る運命にあるのかなぁ〜。次にバス乗るときもめっちゃ楽しみだよ〜。あ、そうだ、トシセンセイって呼んでいい？」

　アウトサイダーの僕を簡単に覆い隠す震災の深い闇を、彼女は陽気に跳ね返していた。
　大事に抱えていた大きな巾着バックを開くと、彼女は不思議なものを取り出した。赤い大きな花弁に先が丸く膨らんだ木の棒が付いている。彼女が木の棒を軽く揺すってみせると、サラサラと乾いた軽やかなリズムが響いた。
「これ、ウリウリって言うのよ。マラカスが付いてるの。フラで使う楽器。あたし、フラガールなの」
　それからは、次々と出てくるフラダンスの衣装や道具の解説になった。
　彼女のトートバッグはまるで魔法の袋で、それからの数時間彼女の説明を受け続けた僕は、終点に着く頃には、にわかフラ博士になってしまっていた。

「トシセンセイ、色々話聞いてくれてありがと。楽しかったよ。本当はね、今度は、ばぁちゃんの具合があまりよくなくて、ちょっと落ち込んでたの。今回、ばぁちゃんの代わりに東京に行ったんだ。バス乗ってる間、ずーっと変な電話がかかってくるんじゃないかって怖くてドキドキしててさ」

　マナ。
　さっき彼女が教えてくれた、放射線と同じで目には見えない、フラでいうところの神聖な霊的エネルギー。

彼女の明るさには、僕の偏狭な理屈なんかよりも遥かに人を勇気づける力があった。

「ばあちゃんが返せなかったものも返せたし、ばぁちゃんもこれで少し元気出るかも」
「きっと元気出るよ」
　20時を過ぎた会津若松駅はひっそりとしていた。
「明日さ、美里町旭地区の公民館で新春の集いがあるの。地元のじーちゃんばーちゃんが集まってさ、ワイワイやる飲み会だよ。あたしがフラガールだって聞いて余興で踊ってくれって。お世話になってるし、仲間と踊りにいくんだ。知り合いも連れて来ていいって。トシセンセイもよかったら来てよ」
「分かった。行くよ」僕は、自分でも驚くほど素直に即答していた。
「本当〜！！絶対だよ。うちのばぁちゃんも来るし、民謡公演とかもあるみたいだし、きっと楽しいよ」
　ボスとはまだ会えていないけれど、こうしてたくさんの人と会うことが、僕のアウトサイダー症候群を癒してくれるのかもしれない。
　街灯の光が雪にあたって空間を滲ませている。2つめ目の街灯の下で、彼女は思い出したようにもう一度振り返った。

「そうだ、トシセンセイ、なんかセンセイと雰囲気似てる気がするよ。顔は全然似てないけど、お医者さんとしての雰囲気みたいなのが」

　そうか。
　一瞬苦笑いした僕を見ると彼女は笑った。どうやらさえないおっさんと言われているわけじゃなさそうだ。
　彼女は、もう一度明日絶対だよと付け加えて、大きく手を振った。

Stop the Discrimination 差別とたたかう

Epilogue

放射線とフラガールと未来

Radiation and Hula Girls and the Future

珍しく強い日差しが雪を溶かしはじめていた。
　会津市内の道路は除雪車が入っているが、これから行く公民館の辺りはあやしそうだ。ナビは山際まで広がる田んぼらしき平野の中にポツンと建つ建物を示している。この様子じゃ、さながら雪原の中に建つ山小屋のような趣だろう。

「普通は土地の人間だけよ。町会費の積み立てなんだから。私が電話したから行けるんだからね」

　旭区の公民館へと向かう道すがら助手席の伯母が言う。車を借してと言ったらついてきたのだ。
　電話しといてあげる。知らない地区の新年会に出るなんて、新婦も新郎も知らない結婚式に参加するようなもんよ。
　子どもじゃないんだからと静止する僕を尻目に、伯母は旭区に住むという知り合いに電話をかけていた。
　美里町では毎年1月中頃に、「新春のつどい」を各地区で催している。それぞれの地区でその年に見合ったトピックで講演会をしたり、趣向を凝らした出し物をするらしい。今年の旭地区の講演会は放射線に関する勉強会だそうだ。それは知らなかった。

『ニューヨークに住んでる甥っこが、ぜひ行きたいって言っているのよ〜』
『あら〜ニューヨークからわざわざ？それはぜひ来てくなんしょ〜』

　ニューヨークは関係ないだろうと思いつつ、ただ、勉強会なるものがどんな話になるのか、正直興味があった。
　このあたりは高齢者が多く、ネットの情報などは逆に伝わりにくい。実はあまり線量が高くはない地域だし緊急性も高くはない。そんな人たちがどんな気持ちでどんな疑問を持っているのか、直接触れてみたかったのは事実だ。

アウトサイダー感覚も当事者感覚も希薄になりかけながら、実体のない不安とどう折り合いをつけているのだろう。

「トシ、運転大丈夫？こんな雪道、ニューヨークじゃ走らないでしょ？」
　伯母が心配そうに声をかける。ニューヨークと言えばマンハッタンで、摩天楼の下、バラ色のブロードウェイを年がら年中全員がスタイリッシュに往来しているとでも思っているようだ。
「ニューヨークは雪国だよ」
　車で30分も飛ばせば、あとは野となり山となる。そのくせ冬用タイヤに換えないから、運転は日本より要注意だ。
「あ、そうだった。ニューヨークが大雪で事故多発とか、TVでニュースになってたの見たことあったっけ」
　伯母はあっけらかんとこう言った。
「人の記憶とか感覚なんてこんなものよね。隣の芝生は青いと思いたい時しか青くないって、お父さんが言ってたっけなぁ」
「ん、おじいちゃんの台詞？なんか深い…のかな？」
「どうだか……。40年くらい前に言われた気がするけど、よく分かんない」

　なんとなく分かるような気がする。
　僕は、ニューヨークのラボへ初出勤したときのことを思い出した。ボスやヘンディとは面接で会っていたけれど、初対面の皆の反応にとまどったのだ。僕の下手な英語のせいなのか、たまたま皆の機嫌が悪かったのか分からないまま、あてがわれた席に座った。それから2時間、なんとなく針の筵のような気持ちで椅子に座り続けたわけだ。ソフィーにいたっては、なんの記憶も残っていないくらいだ。
　後になって分かってみれば、なんてことはない。彼らは仕事に集中していただけで、2時間後の昼休みには僕を迎える歓迎会が用意されていた。皆は皆で黙って座ったままの僕を、気難しい奴が来ちゃったなと思っていたらしい。

隣の芝生が青く見えるのは気のせいだ。
　人の想像力はプラスにもマイナスにも働く。必要以上に悲観的になるだけで、世界は容易に暗転するのだ。

　山小屋は失礼な言い草で、コンクリートとモルタルの2階建ての建物が雪野原の中に姿を現わした。くすんだアイボリーとえんじの外壁に金色の切り文字で会津美里町立旭地区公民館と書かれている。外には緑十字の記された『避難所』の看板。地域の寄り合い所であり、避難所でもあるのだ。
　会場は思ったより広く、30畳以上ある畳の座敷には既に100人以上の人が集まっていた。
　大きな床の間が正面になるのだろう。田舎の家には必ずある出所のあやしい鯉の日本画や京人形が飾られている。その上に達筆な筆文字で「元気印旭　新年会2012」と大書されていた。
　正面に大きなスクリーンが置かれ、懐かしい黒い遮光カーテンを洗濯ばさみで留めて部屋を暗くしている。隙間から入り込む日差しがチラチラと揺れて、スクリーンの脇の不釣り合いなぐらいに立派な演壇に反射していた。
　この会場であの演壇で話すのは結構恥ずかしいだろうな……。これから話す演者に軽い同情を感じながら、僕は隅の席に腰をおろした。背後で伯母の知り合いが、まぁ、この人がニューヨークの‼とか言っているのが聞こえてきて、僕は伯母の顔をつぶさないよう笑顔で深々と会釈した。
　会場を見渡すと、ほとんどが高齢者で子どもの姿はない。前の方に座るカヲルら三人のフラガールを除けば、僕が一番の若手かもしれない。キョロキョロしていたカヲルとようやく目が合い、彼女が大きく手を振ってきた。隣りには、カヲルによく似たおばあさんが座っていた。
　先に講演、質疑応答の後、新年会という流れのようだ。地区ののど自慢の民謡、そして締めはフラガール。不思議な組み合わせだった。

めでたい新年会だから、あんまり深刻な話はしないけども〜と前置きして話し始めた地区長の挨拶はやはり、深刻な風評の話からはじまった。
「ただ、原発事故のあった福島だべってことで一括りにされっちまう。みんな口惜しいと思う。会津米がいくら大丈夫だって説明しても、お客が納得しないべって言われっちゃう。面倒くさいんだど。お客さんに説明すんのが。これからです。今年も、東京とか大阪さ行って、何度も何度も同じごど言わなくちゃ」
　ここでは地震そのものも放射線もほとんど被害はなかったという。この町もまた当事者でありアウトサイダーでもあった。
「しめっぽい話はここまでにして、こっから新年の明るい話題にします」
　ここから地区長の話はきみまろばりの漫談に変わった。観客も待ってましたと拍手、何度かの大爆笑の後、ではこのへんで〜と締めようとした地区長の動きが止まる。
　進行係がもうちょっと引き延ばして欲しいというようなバレバレのブロックサインを地区長に送っているのが見えた。
　どうやら次の講師の到着が遅れているようだ。
　落しどころを失った新年の挨拶の収拾がどんどんつかなくなっていった。格調高くはじまった新年の挨拶が引き延ばしのためにだんだんとネタ切れになっていく。地区長の愛猫がスルメで作ったマグカップを食べてしまったが、よく考えればスルメがなくなったのだからまさにアタリメになってめでたいという話が終わると、孫がスーパーで買ってきたウズラの卵をこたつで温めたら雛が孵ってびっくりしてめでたい話になり、2日連続で卵かけご飯の黄身がふたつで本当にめでたいという話が終わったところで、ようやく講師が到着したらしかった。
　講演会がはじまる。あわてて演題が書かれた紙が捲られる。
　演題にはこれも達筆で『放射線を超えて』と書いてある。ご丁寧にGetting beyond radiationという英語の副題までついていた。
　なかなか詩的なタイトルだ。どんな演者なんだろう。

町役場の人間か、近場の診療所の医師だろうか。高校の化学
の教師って線もあるかもしれない。
　　　放射線を超えて…か。もしかすると、僕の答えに何かヒント
がみつかるかもしれない。
　　　僕のそんな淡い期待をよそに、控え室の襖がスパンと小気味
よい音をたてて開いた。

「センセイ！！」

　　カヲルが立ち上がって大声をあげた。僕よりも先に。
　　この会場のアウトサイダーの2人が立ち上がり、もう1人の
アウトサイダーを見つめている。
　　見つめられた方も状況が飲み込めずに、まばたきもせずに
僕たちを見つめ返す。

「君、大橋君……　か？それと、えーと君は……　くっつきのヲの
……」
「すごい記憶力。そ、カヲルだよ。センセイ、ところでトシセンセ
イとも知り合いなの？」

　　ボスは持ち前の情報分析力を発揮し、どうやってかは知らな
いが現状を瞬時に把握したようだ。
　　僕とカヲルに座るよう目で促し、立派な演壇の方に向かった。

　　ボスは遅れた釈明を簡単に済ませるとカヲルを演壇の方に
呼んだ。
「放射線の講演会とフラガール。一見奇妙な組み合わせですよ
ね」
　　会場が笑いに包まれた。
「これは、ある意味で美里町の現状を示しているとも言えます。
放射線問題は重要だし、ちゃんと勉強し、対処したいと思う。
皆さんもそう思うでしょ」

会場全体がうなずいた。
「でも、放射線問題にばかり捉われていては前を向いて歩むこともできない。会津に避難してきている方もいる。同じ福島の人間として見ない振りもできない」
ボスはここで言葉を一度切ると軽く息を吸った。
「どっちもなんです。目の前の現実をちゃんと見ながら、明るい話題も欲しい。放射線の講演会とフラガール、企画した主催者や参加者の皆さんの複雑な気持ちが胸に響きます」
こんな話し方をするんだ。この人は。そこには初めて見るボスの姿があった。
「昨年、私は福島のあちこちで30回以上、こうしてお話をしてきました。はっきり言います。美里町は福島県の中では放射線量率は低い地域です。また、こうしてみれば皆さんお若いですが、お子さんがいらっしゃる世代の方は少ないですよね？この辺が福島市や郡山市の講演会の雰囲気とはまた少し違った感じがします。ちなみに、お孫さんがいる方は？」
会場のほとんどから手があがった。
「私ここに来る途中、農道に入って一面の雪を見ていたんです。昨年9月にここを通った時は、それはそれは美しい黄金色の田園が広がっていました。今は一面の銀世界で、これも吸い込まれそうに美しかった。まぁ、そこでタイヤが雪にはまって遅れちゃったんですけどね」
笑い声の中、ボスはそっとカヲルに席に戻るように促した。
「先祖代々受け継いできた田畑からとれた豊かな農作物。おじいちゃんやおばあちゃんからすると、ぜひ孫に食べさせたいですよね。美味しいお米や果物を食べて喜ぶ顔も見たい。そうじゃないですか？」
全員がうんうんとうなずいた。
「でもね、お嫁さんは、まだ心配なんですよ。もしかしたら……ほんの少しでも放射性物質が入っているかもしれないお米や野菜を子どもたちに食べさせたくないって抵抗があるんです。でも、それをお舅さんやお姑さんに話すと角が立つ……　かも

しれない」
　ボスはそこでわざと言葉を区切って会場を見渡した。んだな、んなごどねーよ、うちの嫁は……色々なささやき声が聞こえてきた。ボスはにっこりと笑った。
「今日は子どもの放射線被ばくと食品の安全の話をしましょう」

　私というアウトサイダーがこの地にいるという偶然にもし意味があるのだとしたら、そういうことなんじゃないだろうか。

　ボスのくれたメールの言葉を僕は噛みしめていた。
　日本のボスは相変わらず冷静に情報を発信していた。しかし、その冷静さには僕の知らない行動が伴っていた。
　ボスの「そういうこと」はこういうことだったのか。

　約1時間の講演が終わり、色々な質問が飛んだ。ボスはひとつひとつ丁寧にやさしく答えていった。質疑応答が終わるころには瓶ビールとジュースとお弁当が配られ、宴会がスタートした。
　着物を着たおばあさんと背広姿のおじいさんが数名出てきて、自慢ののどを披露する。
　まず、宝の山の恵みを守るための祈りを込めて……と『会津磐梯山』が謡われた。次に、南相馬市から避難している人たちへと『相馬流れ山』が謡われる。浪江からやってきたカヲルも涙ぐみながら口ずさんでいる。

　人はあらゆることを突然、しかも事前準備なしで生きなければいけない運命にある。
　皆そうなのだ。
　浪江、会津、福島、東京、ニューヨーク、日本、アメリカ。
　衣食住、あらゆるものが一度も出会ったことない人たちに依存して成り立っているこの世界。
　地理、国籍、言語、歴史、文化を通しアウトサイダー同士が相互に向かい合っているこの世界において、僕たち全員が世界中

の出来事の当事者でもあるのかもしれない。
「大橋君。君のお便り読みました。こっちで疫学調査の仕事をしたい、その決意に変わりはありませんか?」
いつのまにか、ボスが僕の隣に来ていた。
「大学の僕のポストは3月いっぱいで終了です。ちょっと上から目をつけられてしまったみたいでね。幸いA君が僕の研究を継いでくれますのでそこは安心なのですが、残念ながら、君が戻ってこられる場所がない……」

僕は、ニューヨークからボスに手紙を送っていた。
これからの福島では実測と行動様式の関係性から多数の人の被ばく量を推定していくことが重要になる。例えば、母親の食事の摂取や生活といった行動様式と母乳の放射性物質濃度の関係を調査する、そんな地道な作業だ。ただ、専門的な知識を有さない人が放射線量を計り、誤った解釈が独り歩きすることを危惧する人間もたくさんいた。僕もその一人だ。
日本には作業環境測定法という法律がある。空間の放射線量率の測定は環境測定士に業務独占が指定されている。資格なく測定することは想定されていないが、医師はその資格試験が免除されるのだ。
この1年弱、ソフィーとも何度も話をした。言い合いもした。正直に言えば、彼女を泣かせたことも事実だ。
限られた時間でいい。僕にできることをしたい。
最終的に僕の言葉を受けとめ、彼女が僕に言ってくれた言葉が脳裏をかすめる。

ボスは内ポケットから書類を取り出すと、こう言った。
「まさかここで君と会えるとは思っていなかったのですが、ここに来る前にもらってきたものです」
ボスが開いた書類は福島県庁のものだった。
「君がやりたい『計測』は、研究者の仕事というより、主に行政や専門機関の責務かと思います。大学のポストはなくなりました

が、私もまだ大学教授として若干のコネが残ってましてね。行政や専門機関は情報を最大限公開したいと考えていますが、環境測定士の人材確保に難儀しているんだそうですよ。そこで医師資格を持って英語もできて安月給の仕事をする酔狂な人材がいるんですがと声をかけたんです……」
「奥埜先生……」
「給料は低いですよ。それは保証します」
　ボスは笑った。こんな風に笑う人だったのか。
「ありがとうございます」
　僕は思わずこぼれそうになる涙を我慢する羽目になった。
「環境問題、経済問題、政治問題、あらゆる解決すべき課題がグローバル化しています。福島の放射線問題もまた、言わずもがなグローバルな課題です。世界が知りたいと思っていることを伝えましょう。僕の、そして君のやり方で」
　ボスらしい理屈っぽさ。それが照れくささの裏返しだということを僕は知っていた。

　舞台はいつのまにか色鮮やかなハワイに空間移動していた。
　ウクレレのゆるやかな音色に合わせ、白いゆったりとしたムームーに極彩色の華やかなレイが揺れる。三人のフラガールが描くゆらゆらとした動きが、内地の冬に温かく穏やかな波を届けていた。
「ゆっくりしてるけど、フラはすごく身体を使うんだよ〜」
　カヲルがよく通る声で話しかける。

「すごく健康にもいいんだ。おばあちゃんも、ちょっとやってみっぺ‼」
　前の席に座っていたおばあさんたちがイヤイヤと尻込みする。
「今日は、みなさんに簡単なフラのステップを覚えて帰ってもらうからね‼そうだな〜」
　いやな予感がした。カヲルが獲物を値踏みするような目つきで会場を見渡している。

「ほら、そこのセンセイたち」
　いやな予感は的中し、あっと言う間に三人のフラガールに囲まれて僕とボスは前に引き出された。
　昨日バスの中で教わったカホロ。左右に２歩ずつ歩くように移動するフラの基本ステップ。教わったのは名前だけで動きはまったく知らないけれど、カヲルはまったく容赦なかった。
「こんな風に腰を低くして、ゆらゆら〜。上半身はピッとさせて動かさない。移動するときの腰は8の字を描くように〜お、センセイなかなか上手だよ〜」
　ボスが左右に行ったり来たりする様子を見て、前のおばあちゃんたちが笑いながら立ち上がる。センセがやるなら、わしらもやるべ。それにつられて次々に踊りの輪が広がっていく。
　じいちゃんもばあちゃんも立ち上がって踊りだす。カヲルの祖母も伯母も立ち上がって笑いながら踊っていた。
　すり切れて黄色くなった畳がハワイの潮風を受けた草原のように見えてくる。
　ここの芝生が青く輝いて見えるのは気のせいではないだろう。

　日本に出かける僕にソフィーはこう声をかけた。

「トシ、無理をしないで、肩肘を張らないで」

　僕は、愛する妻と離ればなれになることをまるで自分への戒めのように考えていた。自分でも分かっている。愚かな考えだ。だが、僕はこの愚かな考えをぬぐい去ることができなかった。
　ソフィーがそのことでどれだけ悲しむのか、そこからあえて目を背けることを正当化する理由を探した。
　日本に一緒に来たい。そう言ったソフィーを僕は連れて来なかったのだ。
　自分の妻を放射線に被ばくさせたくないという『科学的に合理的ではない』本当に身勝手な理由で。

「疲れたらほんの1分間だけでいい。私のことを思い出して」
　ソフィーは言った。
「きっと、それで世界は変わるから」

　ボスとカヲルが楽しそうに踊っている。
　僕の思考も穏やかな波の中で揺れた。
　僕の震災アウトサイダー症候群はこれからもまだ続くだろう。
　情報に迷いもするし、過剰に不安になったり、時には過剰にヒロイックになったりするかもしれない。不確かな情報に怒りをおぼえ、無責任な言葉に傷つくかもしれない。正確を期そうと言葉を濁したことを誤解されて、却って人に不安を与えるかもしれない。
　でも、今はこのゆりかごのような空気に身を任せよう。
　できることをすればいい。プラスの想像力を働かせて。無理をしないで。
　そうだ、1日に1分間だけでいい。
　福島のことを思い出して。
　そうすれば、いつか、きっと癒える時が来る。ソフィーと一緒に福島を訪れる時がきっと来る。

269

本作品の【STORY】部分は実話や実体験を基にしたフィクションです。

Appendix

外国人が知りたいこと
Questions from Foreigners

ここでは、東日本大震災全体について、外国人に聞かれて説明に困る質問や外国人ならではの疑問、それに対する解答例を紹介しています。解答例の内容は、2016年4月1日時点で確認できる政府公表資料を基に放射線科医のチェックを経たものですが、あくまでも1例に過ぎません。事象や統計の解釈の仕方、立場の違い、情報の経時的な変化等によって、修正やアップデートが必要です。
英語表現の参考資料としてご利用いただければ幸いです。

01
Q 東日本大震災はどのような災害だったのですか?

A 最大震度7、マグニチュード9.0という、日本周辺における観測史上最大の地震です。

02
Q 主な被害地域はどこですか?

A 地震の影響で巨大津波が発生し、東北地方と関東地方の太平洋沿岸部に壊滅的な被害をもたらしました。特に宮城県、岩手県、福島県は津波の大きな影響を受けました。茨城県、千葉県なども津波の被害で犠牲者が出ています。

03
Q 被災者はどのくらいの数いたのですか?

A 警察庁の発表によれば、2016年3月10日の時点で、死者15,894人、行方不明者2,561人、重軽傷者6,152人でした。これは未確認情報を含みます。なお、震災の犠牲者の90%以上の方が、津波に巻き込まれて亡くなっています。

Q 01 **How powerful was the Great East Japan Earthquake?**

A It was the most powerful earthquake ever experienced in and around Japan, with maximum seismic intensity of 7 and magnitude of 9.0.

Q 02 **Which regions in Japan were most severely damaged?**

A The earthquake triggered devastating tsunami waves that caused catastrophic damages on the Pacific coasts of Tohoku and Kanto regions. Prefectures of Miyagi, Iwate, and Fukushima were affected most seriously by the tsunami waves. Casualties were reported in the prefectures of Ibaraki and Chiba too.

Q 03 **How many people were affected by the disaster?**

A On March 10, 2016, National Police Agency reported 15,894 deaths, 2,561 people missing, and 6,152 injured. The report includes unconfirmed numbers. More than 90% of the deaths were caused by tsunami.

04
Q 東日本大震災による経済損失額はどの程度ですか？

A 日本政府は震災による直接的な被害額を16兆円～25兆円と試算しています。世界銀行は自然災害による経済損失額としては史上1位と推定しています。

05
Q 福島県ではたくさんの避難者がいると聞きました。どのくらいの人が避難しているのですか？

A 福島県の資料によると、2012年5月の時点で県内避難者は102,827人、県外避難者は62,038人でした。2016年1月時点では県内避難者56,449人、県外避難者43,270人です。なお、この数字に避難先不明者は含まれていません。

06
Q 被災したペットはどのように保護されているのですか？

A 津波により多数のペットの命も犠牲になりました。未曾有の被害の中、被災頭数を把握することは困難でした。福島県の警戒区域内に取り残されたペットは、福島県と国が中心となり、福島県内のシェルターで保護し、飼い主への返還や新しい飼い主への譲渡を進め、2014年9月にその役割を無事終えています。

Q 04: How large were economic losses caused by the Great East Japan Earthquake?

A: Japanese government estimated economic losses directly caused by the disaster at 16 to 25 trillion yen. World Bank estimated that it was the largest economic losses caused by natural disaster in history.

Q 05: I heard many people had to be evacuated in Fukushima Prefecture. How many people evacuated?

A: According to documents of Fukushima prefectural government as of May 2012, 102,827 people were evacuated within the prefecture, and 62,038 to places outside the prefecture. As of January 2016, there were 56,449 evacuees in the prefecture, and 43,270 outside. Evacuees whose whereabouts are unknown are not included in these figures.

Q 06: What happened with pet animals in the disaster-affected areas?

A: Many pet animals died in tsunami waves too. Amid the unprecedentedly severe disaster, it was impossible to know how many pet animals were in the affected areas. The pet animals left in the evacuation zones in Fukushima Prefecture were taken into shelters built in the prefecture and run mainly by the prefectural and national governments. Some of the pet animals were returned to their owners, and others given to new owners. The shelter completed its mission in September 2014.

07
Q 福島第一原子力発電所で何が起こったのですか？

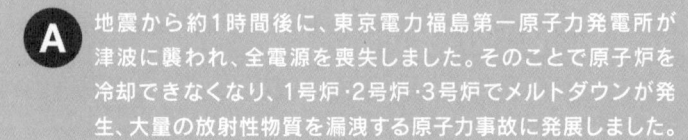

A 地震から約1時間後に、東京電力福島第一原子力発電所が津波に襲われ、全電源を喪失しました。そのことで原子炉を冷却できなくなり、1号炉・2号炉・3号炉でメルトダウンが発生、大量の放射性物質を漏洩する原子力事故に発展しました。

08
Q 日本のおもな発電は原子力ですか？

A 2013年の時点で、LNG（液化天然ガス）43.2%、石炭30.3%、石油14.9%を合わせた火力発電が、全体の88.4%を占めています。水力発電は8.5%、再生可能エネルギーは2.2%でした。2013年時点で、すべての原子力発電所は稼働を停止していました。

09
Q 日本には何基の原子力発電所がありますか？

A 2015年2月時点で、国内の商業用原子炉は48基です。

07
Q: What happened at Fukushima Daiichi Nuclear Power Plant?

A: About an hour after the earthquake, Tokyo Electric Power Company's Fukushima Daiichi Nuclear Power Plant was hit by tsunami and completely lost its power source. Because it became impossible to cool the reactors, nuclear core meltdown occurred in Units 1, 2, and 3, resulting in nuclear accident leaking large amount of radioactive materials.

08
Q: Is nuclear power the major source of power generation in Japan?

A: As of 2013, thermal power (LNG 43.2%, coal 30.3%, and petroleum 14.9%) constitutes 88.4% of power generation in Japan, with hydraulic power accounting for 8.5% and renewable energy 2.2%. As of 2013, all the nuclear power plants had suspended operations.

09
Q: How many nuclear reactors are there in Japan?

A: There are 48 commercial nuclear reactors as of February 2015.

10

Q 現在の日本の放射線量の状況を教えてください。

A 旅行者が普通に行けるところの放射線量は、福島県内を含めて問題ありません。

参考：原子力規制委員会「放射線量等分布マップ拡大サイト」
http://ramap.jaea.go.jp/map/

11

Q 具体的な放射線対策はどうなっていますか？

A 旅行者を含む一般の方が行くことができるところについては、必要な除染は完了しています。また、震災を契機に放射線量を測定できる機器が多く設置されたため、予想外の被ばくを受けることは考えられません。

12

Q 旅行中、水道水を飲んでも大丈夫ですか？

A 水道水の放射線量は検査されているので問題ありませんが、旅行中の水道水摂取は水の硬度などの違いなどによって下痢や消化器症状等を起こしたりすることもあるので、体調や旅程などを考慮してください。

10
Q: What about current situation in Japan's radiation dose?

A: No problem with radiation dose in places where travelers can go, including Fukushima Prefecture.

For reference: Extension Site of Distribution Map of Radiation Dose by the Nuclear Regulation Authority
http://ramap.jmc.or.jp/map/eng/

11
Q: What kind of concrete measures are being taken for radiation protection?

A: All needed decontamination activity has been completed in places where people can visit, including travelers. Since radiation measuring equipment has been installed in many places after the disaster, there is no risk of unexpected radiation exposure.

12
Q: Is it OK to drink tap water during travel in Japan?

A: There is no problem in drinking tap water, as radiation dose in tap water is being checked. But you should be careful with your health and schedule, because it is possible to have such problems as diarrhea and irritating bowel due to difference in water hardness of tap water during travel.

13
Q 旅行者が福島の避難区域に入ることはできますか?

A 震災当時に区域内に居住していた場合を除き、立ち入ることはできません。

参考：浪江町「震災・復興関連情報」
http://www.town.namie.fukushima.jp/site/shinsai/tatiiri-saihen.html

14
Q 日本への旅行者は、ヨウ素剤を服用すべきですか?

A 海外からの旅行者の放射線誘発甲状腺がん発がんリスクはありませんので、ヨウ素剤の服用は不要です。

15
Q 日本を旅行するときの服装はどうすればいいですか?

A 日本、あるいは福島に関する特別な服装の準備は一切必要ありません。

16
Q 食品の放射線汚染に対して、どんな対策がとられていますか?

A 日本国内で流通するすべての食品について、厳格な放射線量検査が実施されており、基準を超えた食品や飲料は市場に出ることはありません。

13
Q: Are travelers allowed to enter the evacuation areas in Fukushima?

A: Apart from people who lived in the area on the time of accident, no one is allowed to enter the area.

For reference: Disaster and reconstruction information by Namie-machi municipal government
http://www.town.namie.fukushima.jp/site/shinsai/tatiiri-saihen.html

14
Q: Should travelers to Japan take iodine tablets?

A: No need to take iodine tablets, because there is no risk of radiation-induced thyroid cancer for foreign tourists.

15
Q: Do I need special clothing when traveling in Japan?

A: You don't need any special clothing when traveling in Japan including Fukushima.

16
Q: What kind of measures are taken against radionuclide contamination of food?

A: Since very strict radiation dose measuring is conducted for all food distributed in Japan, there is no possibility that food and drink products with radiation dose over the standard sold in market.

17

Q 日本に旅行して日本食を食べたいです。1週間旅行したとして、旅行者の放射線被ばくはどの程度ですか？

A 思う存分食べてください。1週間毎日日本食を食べても、放射線誘発発がんリスクは上昇しません。

18

Q 日本は輸出食品にどのような対策をとっていますか？

A Q16で説明した日本国内に流通する食品と同等の基準による品質検査が実施されています。

19

Q 日本からの放射性物質の大気輸送はどの程度の影響がありましたか？

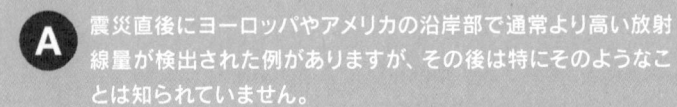

A 震災直後にヨーロッパやアメリカの沿岸部で通常より高い放射線量が検出された例がありますが、その後は特にそのようなことは知られていません。

20

Q 日本の海岸線から海洋環境に影響を与える汚染の推定度はどの程度ですか？

A 震災の年の後半以降、問題となる例は見つかっていません。ごくまれに、個体レベルで高濃度の放射線を持つものが見つかりますが、これが市場に出ることはありません。

参考：水産庁「水産物についてのご質問と回答（放射性物質調査）」
http://www.jfa.maff.go.jp/j/kakou/Q_A/

17

Q I want to go to Japan and enjoy Japanese food. If I stay for a week, how much of radiation would I be exposed to?

A You can eat as much Japanese food as you want. Even if you have Japanese meals every day for a week, risk of radiation-induced carcinogenesis will not rise.

18

Q What measures does Japanese government take for food exports?

A Food products to be exported are subject to quality tests based on the same standard as the one for products distributed within Japan (explained for Q16).

19

Q How large was the influence of atmospheric transport of radiation from Japan?

A Though there were some examples of higher than usual radiation detected on the coasts of Europe and America just after the disaster, no such example had been reported afterwards.

20

Q How serious was radioactive contamination in the ocean environment along the coast line of Japan?

A No example of serious contamination has been witnessed since the last half of 2011. There are cases of high radiation contamination fairly infrequently on an individual level, but these fishery products can never be sold in the market.

For reference: Fisheries Agency "Q&A on fishery products (radioactive material survey)"
http://www.jfa.maff.go.jp/j/kakou/Q_A/

> トシ、この本は**小説を読んでいくうちに自然と医療英単語が身につく**のよ！

> 僕たち登場人物もビックリの大増刷！
> **史上初の＜続きが読みたくなる＞医療英単語集！**

～ある読者様のレビューより～

「―タイトルに釣られて買いましたが、奇をてらったように見えて、なかなか画期的で骨太な本です。語源による学習方法はたしかに効率的ですが、決して楽な道などではありません。しかし、トシとソフィーを中心とした登場人物が織りなすストーリーが、道の険しさを忘れさせてくれます。そして、とにかく読み進めれば、勝手に反復学習になって身につくように構成されています。本当に良い本です。」

『トシ、1週間であなたの**医療英単語を100倍にしなさい。できなければ解雇よ。**』

全国書店
医学書コーナーにて
1800円（税別）で
大好評発売中！

待望のシリーズ続刊!!

"続きが気になって学習がやめられない"前代未聞の英単語集、シリーズ第2弾。ストーリーにのせて、70以上の繊細な解剖図とともに医療英単語を効率よく覚えられる!

今度は《解剖図(とか)編》だ!

『トシへ 明日あなたの医療英単語でパリを救いなさい。できなければ離婚よ。』

田螺アントニオ

SciLuS

シリーズ2作分の音声ファイルを特設サイトにて公開中!※

『トシ、明日あなたの医療英単語でパリを救いなさい。できなければ離婚よ。』

定価 **1,800**円+税

ISBN 978-4-903835-77-8／四六判変型／292ページ／2色刷　2015年4月発行
※詳細は挟み込みの説明書をご覧ください

■著者紹介

田淵　アントニオ（たぶち　あんとにお）
1973年生まれ。日本・福島県出身。親指シフター。
趣味は鮫の歯の化石と錆収集。最近鮫の顎骨標本に手を出し始めている。
尊敬する人物は矢立肇とフェルナンド・ペソア。

■協力者紹介

奥　真也（おく　しんや）
1962年生まれ。日本・大阪府出身。
幼少期から素数の魅力に取り憑かれ、就学前に全部暗記し（偶数のみ）注目を浴びた。多感な青年時代を経て、大学進学後に文転して医師に。趣味は囲碁。人工知能がプロ棋士を凌ぐ瞬間を楽しみに生きてきたが、意外に早く目撃してしまいショックのため暫く人工無能と化す。現在再起動中。

金子　恵美子（かねこ　えみこ）
2008年ウィスコンシン大学ミルウォーキー校博士課程修了、英語学博士。株式会社アルクにて英語スピーキングテスト開発、品質管理に携わる。現在、会津大学語学研究センター教授として、英語指導に従事。

翻訳協力：東出　顕子、舩山　むつみ
カバーデザイン・本文イラスト：伊坂　スウ ／ 本文デザイン：君井　ヤスコ

『トシ、1日1分でいいからフクシマ英語に触れてみて。
　　　　それだけできっと世界は変わる。』

2016 年 4 月 11 日発行

著　者　　田淵　アントニオ
発行者　　落合　隆志
発行所　　株式会社 SCICUS（サイカス）
　　　　　〒167-0042　東京都杉並区西荻北 4-1-16-201
　　　　　電話（代表）：03-5303-0300
　　　　　ホームページ：http://www.scicus.jp

Printed and Bound in Japan
落丁・乱丁の場合はお取り替えいたします。
本書の無断複写は法律で認められた場合を除き禁じられています。

ISBN978-4-903835-84-6 C0082　¥1300